GUIA PARIS DE BICICLETA

Rapha.

PUBLIFOLHA

Criado por Andrew Edwards e Max Leonard, da Tandem London, estúdio gráfico, editorial e de impressão.

Agradecimentos a Louis Thomas pelas ilustrações; Kim Laidlaw e Hugo Mendez; e Greg e Alexandre Vermersch pelas informações de corrida e treino.

Publicado originalmente no Reino Unido em 2013 por Thames & Hudson Ltd, 181A High Holborn, Londres WC1V 7QX.

Projeto gráfico de Andrew Edwards
Ilustrações de Louis Thomas, louist.blogspot.co.uk

Coordenação do projeto: Publifolha
Editora assistente: Andréa Bruno
Coordenadora de produção gráfica: Mariana Metidieri

Produção editorial: Página Viva
Coordenação: Carlos Tranjan
Tradução: Carlos Mendes Rosa
Preparação: Fátima Couto
Revisão: Angélica Errico Gomes
Diagramação: Sandra Tranjan

Dados Internacionais de Catalogação na Publicação (CIP)
(Câmara Brasileira do Livro, SP, Brasil)

Edwards, Andrew
Guia Paris de bicicleta / Andrew Edwards, Max Leonard ; [tradução Carlos Mendes Rosa]. – São Paulo : Publifolha, 2014. – (Guias de viagem de bicicleta)

Título original: City cycling Paris.
ISBN 978-85-7914-523-0

1. Paris (França) - Descrição e viagens - Guias 2. Aventuras e aventureiros 3. Turismo de bicicleta I. Leonard, Max. II. Título. III. Série.

14-00608 CDD-796.64

Índices para catálogo sistemático:
1. Viagens de bicicleta : Guias 796.64

Este livro segue as regras do Acordo Ortográfico da Língua Portuguesa (1990), em vigor desde 1º de janeiro de 2009.

Impresso na Everbest, China.

PUBLIFOLHA
Divisão de Publicações do Grupo Folha
Al. Barão de Limeira, 401, 6º andar
CEP 01202-900, São Paulo, SP
Tel.: (11) 3224-2186/2187/2197
www.publifolha.com.br

Foi feito o possível para garantir que as informações deste livro fossem as mais atualizadas disponíveis até o momento da impressão. No entanto, alguns dados como telefones, preços, horários de funcionamento e informações de viagens estão sujeitos a mudanças. Os editores não podem se responsabilizar por qualquer consequência do uso deste guia nem garantir a validade das informações contidas nos sites indicados.

Os leitores interessados em fazer sugestões ou comunicar eventuais correções podem escrever para a Publifolha, Al. Barão de Limeira, 401, 6º andar, CEP 01202-900, São Paulo, SP, ou enviar um e-mail para: atendimento@publifolha.com.br

SUMÁRIO

COMO USAR ESTE GUIA

Guia Paris de bicicleta é o livro perfeito para orientar você pela capital francesa de um jeito saudável e muito divertido. Para ajudá-lo a se locomover pela cidade, dispusemos na orelha da capa um mapa de localização dividido em cinco áreas*: Louvre, Les Halles *(p. 10)*; Martyrs, Pigalle, Montmartre *(p. 16)*; Canal Saint-Martin *(p. 22)*; Haut Marais *(p. 28)*; e a Rive Gauche *(p. 34)*. Em todas elas é fácil transitar de bicicleta e encontrar muitos cafés, bares, galerias, museus, lojas e parques. Cada área possui um mapa detalhado, no qual estão marcadas as nossas recomendações de locais de interesse e de locais para se reabastecer de café e comida, além de pontos onde há conexão Wi-Fi. Dê uma volta de bicicleta e veja o que é mais atrativo para você.

Os mapas das regiões também oferecem rotas de bicicleta, bicicletarias, estações do Vélib', pontos de referência e locais específicos num grande trecho do centro da cidade – tudo de que você necessita para pedalar com segurança. Se você prefere um itinerário predeterminado, recorra a "Um dia de bicicleta", na parte interna da capa, roteiro que sugere um percurso tranquilo de 35km e atravessa partes de Paris que não são abordadas nas seções dos bairros, mas que passam por alguns dos pontos mais turísticos da cidade. Escolha as partes que mais lhe interessam, inverta o caminho se quiser e aproveite a rota do jeito que for melhor para você.

A seção "Corrida e treino" *(p. 40)* deixa você por dentro da herança ciclística de Paris e dá sugestões de passeios mais longos, caso você queira explorar a beleza natural nos arredores da cidade. Já "Informações essenciais" *(p. 44)* oferece dicas sobre a conduta no trânsito e revela os prós e contras de usar as rotas ciclísticas de Paris. Por fim, "Sites e endereços" *(p. 48)* fornece dados adicionais de que você pode precisar.

* Na abertura das seções e nos mapas, foi mantida a grafia original das áreas ou bairros.

PARIS DE BICICLETA

Misture romantismo sofisticado, requinte natural e uma história ciclística de glórias sem igual em qualquer outro lugar, e é provável que você depare com a melhor cidade para andar de bicicleta. Se sua intenção é assistir à chegada do Tour de France pela Champs-Élysées, passear sossegadamente ao longo do rio ou ir de uma panificadora a uma galeria de arte, de um *parfumier* ao museu, do antiquário ao bistrô, tudo é possível na capital francesa. Porém, ultimamente, não há dúvida de que pedalar em Paris passou a intimidar um pouco, já que a famosa agressividade dos motoristas expulsa muitos turistas das ruas. Por mais que seja divertido fingir ser Mark Cavendish e contornar a place de la Concorde para entrar na reta final, existem uns poucos lugares que são bem inconvenientes para bicicletas em Paris – e é óbvio que você não vai se meter a circundar o Arco do Triunfo se não for um ciclista experiente. Consulte nos mapas deste guia em quais ruas você deve ter mais cuidado e, em "Informações essenciais", saiba mais sobre riscos e segurança.

Depois das advertências, destaquemos os pontos positivos. A atitude dos parisienses em relação ao ciclismo tem mudado, e a capital dispõe atualmente de um sistema amplo e bastante prático de ciclovias, muitas das quais totalmente separadas do tráfego de carros. A situação continua melhorando – sobretudo graças às ações sensatas do prefeito de Paris, Bertrand Delanoë, que governa a cidade desde 2001. O primeiro ato de Delanoë contra a tirania dos automóveis foi instituir as Paris Plages no verão, proibindo o tráfego nas vias expressas junto ao rio Sena em julho e permitindo que pedestres, bicicletas e turistas ocupem as quadras de *boules*, os cafés e outras atrações que surgiram em lugar dos carros. Dando um salto para 2013, grandes trechos das margens do Sena vêm sendo adaptados para bicicletas. Na Rive Gauche, a rua entre o Musée d'Orsay e a Pont de l'Alma foi fechada, criando os prometidos 45 mil m^2 de jardins flutuantes, árvores e área para esportes. E, do lado oposto do rio, a *voie rapide*, tão prezada pelos motoristas parisienses, passou a não ser tão rápida após a implantação de semáforos e seu estreitamento, para dar mais espaço a ciclovias e calçadas.

A maior conquista de Delanoë, no entanto, é sem dúvida o Vélib', sistema municipal de aluguel de bicicletas instituído em 2007. Embora tenha desvantagens, o Vélib' humanizou as ruas de Paris e fez do ciclismo uma atividade cotidiana, que todos, de homens de negócios a *bobos* (*bourgeois-bohème* ou burgueses boêmios), de mauricinhos e patricinhas a *mamies* (vovós), usam para se locomover no dia a dia; veja como usá-lo em "Informações essenciais"*(p. 44)*. Depois de encontrar uma *vélib'* decente, você pode explorar a cidade no seu ritmo. Paris é compacta – a Périphérique, perigoso anel perimetral para veículos que separa Paris de seus subúrbios, tem apenas 35km de extensão –, mas densamente povoada, o que impõe consequências para os veículos de duas rodas. Leva-se um bom tempo para chegar a qualquer ponto; a cidade pode estar congestionada, e você vai parar com frequência nos semáforos. Preste muita atenção ao tempo médio de viagem indicado nos mapas deste guia – e, em meio à planta labiríntica e às pequenas ruas de mão única, não é recomendado pegar outras vias para ir mais rápido se você não souber exatamente aonde vai. Se tiver pressa de chegar a algum lugar, mantenha-se nas vias principais com ciclovias.

O lado bom da incrível concentração em Paris é que há muito que ver, fazer, cheirar e comer. Indicamos neste guia cinco áreas para explorar, mas quase não tocamos no Quartier Latin; não mostramos o caminho para o Palais de Tokyo ou a Torre Eiffel, Montparnasse ou Butte aux Cailles, que lembra uma vila. Então, suba na sua *vélib'* e parta para a exploração.

ÁREAS

LOUVRE, LES HALLES

A CIDADE DAS LUZES

Vamos começar o passeio no lindo centro de Paris, cheio de história e cultura, pelo *parvis* (adro) diante da **Notre-Dame** ①. Por quê? Porque é o marco zero em que se baseiam as placas de rua francesas. E, ainda que você possa passar um dia inteiro olhando o rio, sentado no *quais* (cais) sob um chorão na ponta da **Île de la Cité** ②, existem museus de primeira categoria, lojas e restaurantes para conhecer. Enfocaremos o chique distrito comercial nas redondezas da rue Saint-Honoré e na badalada região de Montorgueil, centrada na rue Étienne Marcel e na rue Tiquetonne.

A primeira parada é o **Jeu de Paume** ③, centro nacional de fotografia da França. Localizado no elegante **Jardin des Tuileries** ④, ele esbanja em exposições, que vão do nascimento dessa arte aos dias de hoje. A leste, a perfumaria **Maison Francis Kurkdjian** ⑤, o verdadeiro "nariz" de nomes como Dior e Guerlain, põe o turista no espírito da região. Vende requintadas fragrâncias unissex, sabão perfumado para lavar roupas e até frascos de bolhas de sabão. A butique fica junto da rue Saint-Honoré, uma das principais de Paris, com lojas e hotéis tão luxuosos que só podem ter paparazzi à porta. Aí você encontra a **Boutique LOOK** ⑥, onde a fábrica francesa de bicicletas vende sua linha de roupas finas recém-ressuscitada, e pode até ver uma das bicicletas inspiradas em Mondrian. Não fica longe da **Colette** ⑦, primeira loja conceitual da cidade, onde roupas masculinas e femininas *prêt-à-porter* dividem espaço com livros, revistas e objetozinhos criados por designers, todos policiados por atendentes chiques de doer.

Dê um giro pela grandiosa **place Vendôme** ⑧ antes de seguir adiante para a **Astier de Villatte** ⑨, que vende os charmosos e cobiçados jogos de porcelana exclusivos, defronte da **Verlet** ⑩, loja de cafés e chás que oferece torrefações de aroma delicioso, feitas com grãos de origem determinada, e misturas da casa. No salão, tome uma xícara de café e coma algo para acompanhar, antes da visita às mais luxuosas lojas na **place du Marché Saint-Honoré** ⑪, dispostas à volta de um antigo convento transformado em estacionamento, convento que foi recuperado e refeito pelo arquiteto Ricardo Bofill em 1996 – hoje é um monumental salão com teto de vidro. Logo ao sul, o arquiteto Jean Nouvel também pôs mãos à obra na ala do Louvre que contém o **Musée des Arts Décoratifs** ⑫, que expõe salas do apartamento art déco de Jeanne Lanvin e móveis modernos clássicos.

Agora vamos seguir para a região de Montorgueil. As ruas espremidas entre seus prédios grandiosos são bem congestionadas, mas existe uma boa rede de ciclovias em ampliação, que mantém o ciclista distante dos carros. Especialmente no centro da cidade, deve-se dar atenção às ciclovias e permanecer nelas onde for possível. Claro que você pode se desviar um pouco para comer algo. Tente o **Téléscope** ⑬ para tomar um ótimo café com bolo, e o **Claus** ⑭, restaurante de dois andares cheio de produtos no térreo e pratos saudáveis com sotaque alemão no primeiro andar. O **Café Noir** ⑮, por outro lado, é um edifício de esquina com enfeites retrô e bancos azuis estofados. Por esses lados você também vai encontrar butiques com roupas do dia a dia, como a **Espace Kiliwatch** ⑯, uma das pioneiras da rue Étienne-Marcel, que vende calçados, alpargatas e camisetas comuns. Descendo a rue Tiquetonne, que tem um clima parecido, **En Selle Marcel** ⑰ é uma bicicletaria chique repleta de lindas bicicletas e acessórios, e os funcionários também sabem fazer reparos. Já a **passage du Grand Cerf** ⑱, tradicional galeria comercial coberta, conta com uma variedade de lojinhas interessantes, com lindas fachadas de madeira e vitrines grandes.

Perto do fim do dia, recomendamos que você fique longe de Les Halles e se dirija à rue de Faubourg Saint-Denis. O **Frenchie Wine Bar** ⑲ é o irmão mais novo do comentado restaurante do outro lado da rua, enquanto o **Experimental Cocktail Club** ⑳ faz o gênero do boteco

que serve coquetéis bem-feitos e atrai uma clientela chique nas altas horas, particularmente durante a semana dos desfiles de moda. Ou então, no final do dia, volte às Tuileries, pegue uma das cadeiras reclináveis no lindo jardim municipal e admire o pôr do sol.

PARA DESCANSAR

COMIDA

Water Bar ㉑, restaurante no subsolo da Colette, é um bom lugar para o almoço. **Stohrer** ㉒, fundada em 1730, é a mais antiga *pâtisserie* da cidade.

BEBIDA

Misture-se a parisienses e turistas e compre uma garrafa de bom vinho para bebê-la ao ar livre na **Pont des Arts** ㉓, enquanto o sol se põe na cidade mais romântica do mundo.

WI-FI

O **Café des Initiés** ㉔ é *branché* (bem conectado) de várias maneiras.

3min
0,5km
CONCORDE
PYRAMIDES
TUILERIES
ASSEMBLÉE NATIONALE
MUSÉE D'ORSAY
SOLFÉRINO
RUE DU BAC
ST-GERMAIN DES PRÉS
MABILLON
SÈVRES - BABYLONE
ST-SULPICE
RUE ROYALE
RUE SAINT-HONORÉ
RUE DE RIVOLI
PLACE VENDÔME
RUE DE LA PAIX
RUE DANIELLE CASANOVA
AVENUE DE L'OPÉRA
ESPLANADE DES FEUILLANTS
ALLÉE CENTRALE
VOIE GEORGES POMPIDOU
QUAI ANATOLE FRANCE
QUAI DES TUILERIES
QUAI VOLTAIRE
QUAI FRANÇOIS MITTERRAND
QUAI MALAQUAIS
PONT ROYAL
PONT DU CARROUSEL
PLACE DU CARROUSEL
PLACE DE LA CONCORDE
RUE DE LILLE
RUE DE VERNEUIL
RUE DE L'UNIVERSITÉ
RUE JACOB
RUE BONAPARTE
RUE DE GRENELLE
RUE DE VARENNE
RUE DE BABYLONE
RUE DE SÈVRES
RUE DU FOUR
BOULEVARD RASPAIL
BOULEVARD SAINT-GERMAIN
RUE DES SAINTS-PÈRES
RUE DU BAC
RUE DE BELLECHASSE
RUE LAS CASES

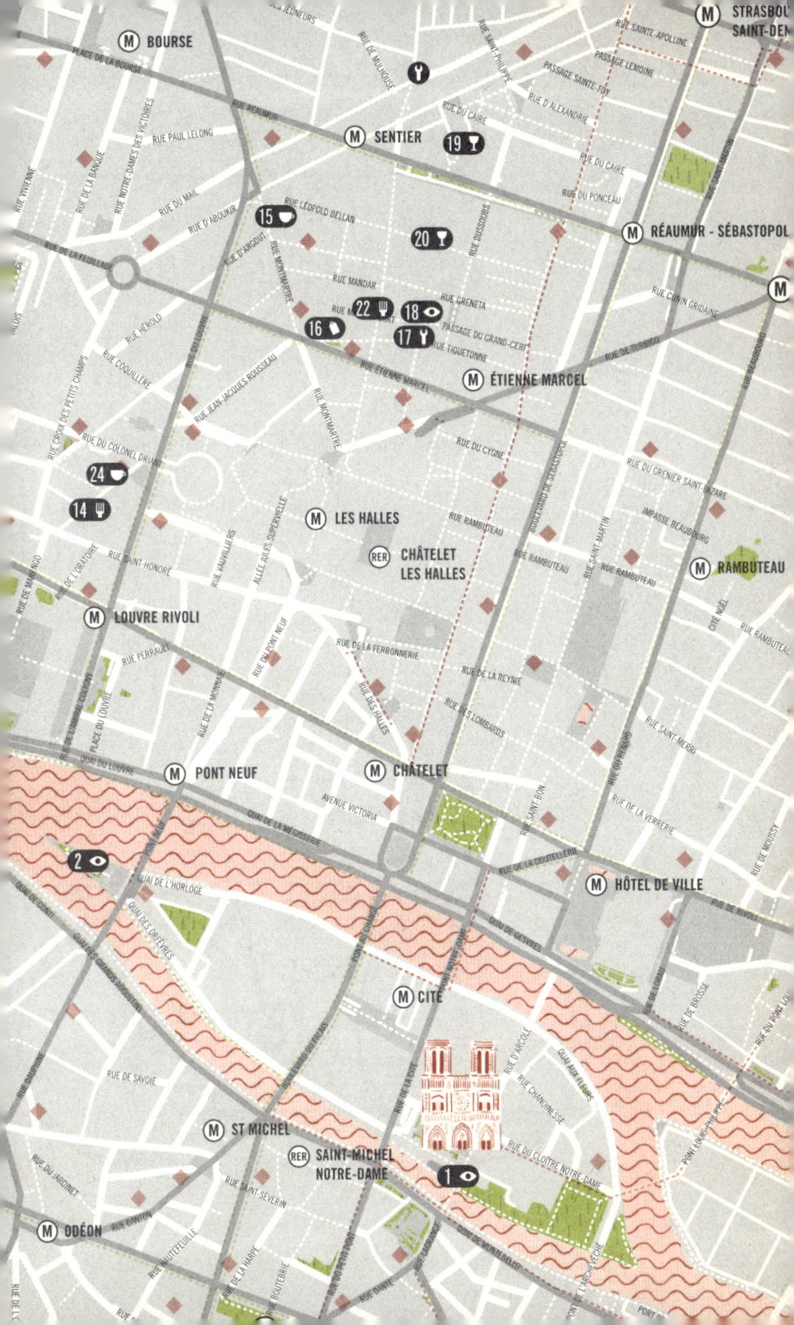

BOURSE
PLACE DE LA BOURSE
RUE DE MULHOUSE
RUE SAINT-PHILIPPE
STRASBOURG SAINT-DENIS
RUE SAINTE-APOLLINE
PASSAGE LEMOINE
PASSAGE SAINTE-FOY
RUE D'ALEXANDRIE
RUE DU CAIRE
RUE RÉAUMUR
SENTIER
19
RUE PAUL LELONG
RUE NOTRE-DAME DES VICTOIRES
RUE DE LA BANQUE
RUE VIVIENNE
RUE DU MAIL
RUE D'ABOUKIR
RUE DU PONCEAU
15
RUE LÉOPOLD BELLAN
20
RUE DUSSOUBS
RÉAUMUR - SÉBASTOPOL
RUE DE LA FEUILLADE
RUE D'ARGOUT
RUE MONTMARTRE
RUE MANDAR
RUE GRENETA
RUE CUNIN GRIDAINE
22
18
16
17
PASSAGE DU GRAND-CERF
RUE TIQUETONNE
RUE HÉROLD
RUE DU LOUVRE
RUE COQUILLÈRE
RUE JEAN-JACQUES ROUSSEAU
RUE ÉTIENNE MARCEL
ÉTIENNE MARCEL
RUE DE TURBIGO
RUE BEAUBOURG
RUE CROIX DES PETITS CHAMPS
RUE DU COLONEL DRIANT
RUE DU CYGNE
BOULEVARD DE SÉBASTOPOL
RUE DU GRENIER SAINT-LAZARE
24
14
LES HALLES
RUE RAMBUTEAU
IMPASSE BEAUBOURG
RUE SAINT-HONORÉ
RUE VAUVILLIERS
ALLÉE JULES SUPERVIELLE
CHÂTELET LES HALLES
RUE SAINT-MARTIN
RAMBUTEAU
RUE DE MARENGO
RUE DE L'ORATOIRE
LOUVRE RIVOLI
CITÉ NOËL
RUE PERRAULT
RUE DU PONT NEUF
RUE DE LA FERRONNERIE
RUE DE LA REYNIE
RUE DE LA MONNAIE
RUE DES HALLES
RUE DES LOMBARDS
RUE SAINT-MERRI
RUE DE L'AMIRAL COLIGNY
PLACE DU LOUVRE
QUAI DU LOUVRE
PONT NEUF
CHÂTELET
RUE DU RENARD
AVENUE VICTORIA
RUE DE LA VERRERIE
RUE SAINT-BON
QUAI DE LA MÉGISSERIE
RUE DE LA COUTELLERIE
RUE DE MOUSSY
2
QUAI DE L'HORLOGE
HÔTEL DE VILLE
RUE DE RIVOLI
QUAI DE CONTI
QUAI DES ORFÈVRES
QUAI DE GESVRES
QUAI DES GRANDS AUGUSTINS
PONT AU CHANGE
PONT NOTRE-DAME
CITÉ
RUE DE LOBAU
RUE DE BROSSE
BOULEVARD DU PALAIS
RUE D'ARCOLE
QUAI AUX FLEURS
RUE DAUPHINE
RUE DE SAVOIE
RUE CHANOINESSE
RUE DE LA CITÉ
PONT LOUIS-PHILIPPE
ST MICHEL
SAINT-MICHEL NOTRE-DAME
RUE DU CLOÎTRE NOTRE-DAME
RUE DU JARDINET
1
RUE SAINT-SÉVERIN
ODÉON
RUE HAUTEFEUILLE
RUE DE LA HARPE
RUE BOUTEBRIE
PETIT PONT
RUE LAGRANGE
QUAI DE MONTEBELLO
PONT DE L'ARCHEVÊCHÉ

MARTYRS, PIGALLE, MONTMARTRE

DELÍCIAS DA BOEMIA
E PONTOS TURÍSTICOS

O martirizado Saint Denis, bispo de Paris no século III, é lembrado em alguns lugares da cidade, entre eles a rue des Martyrs, localizada no 9e arrondissement, que celebra sua caminhada de 10km, levando consigo sua cabeça recém-decepada após a execução no alto de Montmartre. Ele não está na basílica do **Sacré-Cœur** ① – erguida no local do martírio e concluída somente em 1914. A estátua de Saint Denis está na Notre-Dame *(p. 11)*, mas há uma basílica consagrada a ele no subúrbio de Saint-Denis, onde, segundo diz a lenda, ele teria caminhado após a execução pregando um sermão. Você pode pedalar até lá seguindo o nosso percurso em "Um dia de bicicleta" para La Villette e depois pegando a esquerda na bifurcação do canal.

O bairro que estamos abordando se estende a oeste até a place de Clichy, e a leste, quase na rue de Clignancourt. Não suba para o emblemático e pitoresco Montmartre sem parar no caminho para vivenciar a *bobo (bourgeois-bohème)* rue des Martyrs ao sul, que tem um clima de vilarejo. Aliás, você vai parar de qualquer jeito, pois é na rue des Martyrs que as ruas se voltam para o céu – indo ao norte na direção de Montmartre, todas elas se empinam consideravelmente. Se estiver com ânimo, dá para subi-las de bicicleta; talvez você pense duas vezes se a sua for uma *vélib'* – de todo modo, faça várias paradas. Se quiser doces, experimente o *pâtissier* e sorveteria **Sébastien Gaudard** ②, ou a estilosa **Rose Bakery** ③ para saborear café, bebidas frias e deliciosos quitutes de forno à inglesa. Vire à esquerda para visitar **Le Rocketship** ④, café de bairro e loja de presentes finos, e, mais a oeste, perto da place de Clichy, o tão falado **Le Bal** ⑤, escondido numa viela. Le Bal é um espaço independente de exposição num antigo clube de dança, dedicado a fotografia e a novas mídias, que também conta com livraria e café.

Se quiser arte e cultura mais tradicionais, vá ao **Musée de la Vie Romantique** ⑥, bela casa num pátio lotada de móveis e artefatos do período romântico, além de objetos da escritora George Sand – pseudônimo da baronesa de Dudevant, Amantine Dupin – e um simpático café no solário. Se, no entanto, você permanecer na rue des Martyrs, vai encontrar algumas boas *brocantes* (antiquários), como **Et Puis C'est Tout** ⑦ e **L'Objet Qui Parle** ⑧, que ficam de cada lado dos bulevares libertinos de Pigalle, o centro histórico da zona de prostituição de Paris. Por perto, a **Galerie Christine Diegoni** ⑨ é especializada em design moderno e tem em estoque móveis, iluminação e objetos de decoração de George Nelson, Charles e Ray Eames e Jean Prouvé. É tudo só para admirar, a menos que o gerente da sua conta bancária seja bem compreensivo.

Ao norte de Pigalle, a parte mais alta da rue des Martyrs começa a ganhar ares mais boêmios – aí se encontra a galeria de arte contemporânea **Papier Peints** ⑩ –, e a rua continua a subir, cada vez mais íngreme. Logo você passa a ver as famosas escadarias de Montmartre, com gente subindo e descendo. Se estiver com sede, pare na pitoresca **place des Abbesses** ⑪, numa das 120 "bicas de Wallace" em Paris. Obra de Sir Richard Wallace, um britânico bem-intencionado, elas foram construídas no século XIX para fornecer água potável a todos e se distinguem pela pintura gritante e pelas cariátides esculpidas – um símbolo da cidade. Ou, então, tente o tradicional **Café des Deux Moulins** ⑫, que se destacou no filme de sucesso internacional *O fabuloso destino de Amélie Poulain*, ou a **Boulangerie Gontran Cherrier** ⑬, padaria francesa moderna conhecida pelos pães coloridos e sanduíches saborosos.

Acima da rue des Abbesses, as ruas se enchem de turistas, a ponto de você precisar descer da bicicleta e caminhar. Se conseguir chegar até aí, parabéns – a vista que se descortina recompensa o esforço e sempre

há algo interessante acontecendo para a miríade de turistas. Desça pelo outro lado do morro para avistar o **vinhedo Clos Montmartre** ⑭, origem desse vinho tão apreciado (nem que seja só pelos rótulos pintados por artistas locais), leiloado todo ano para caridade. Caso prefira algo mais forte, vá a **Le Carmen** ⑮, um bar de coquetéis chique-desmazelado num casarão antigo, que no século XIX era a casa do compositor Georges Bizet.

PARA DESCANSAR

COMIDA

Bistrot des Dames ⑯ serve pratos clássicos ao ar livre.

Hôtel Amour ⑰ tem coquetéis e comida caseira num antigo e ajeitado hotel-butique.

BEBIDA

La Fourmi ⑱ é um bom lugar para uma bebida gelada no sol do verão.

Au Rêve ⑲ é um lugarzinho lindo no lado norte do morro.

WI-FI

Black Market ⑳, ótimo *café freelance,* oferece café artesanal, cheesecake e Wi-Fi grátis.

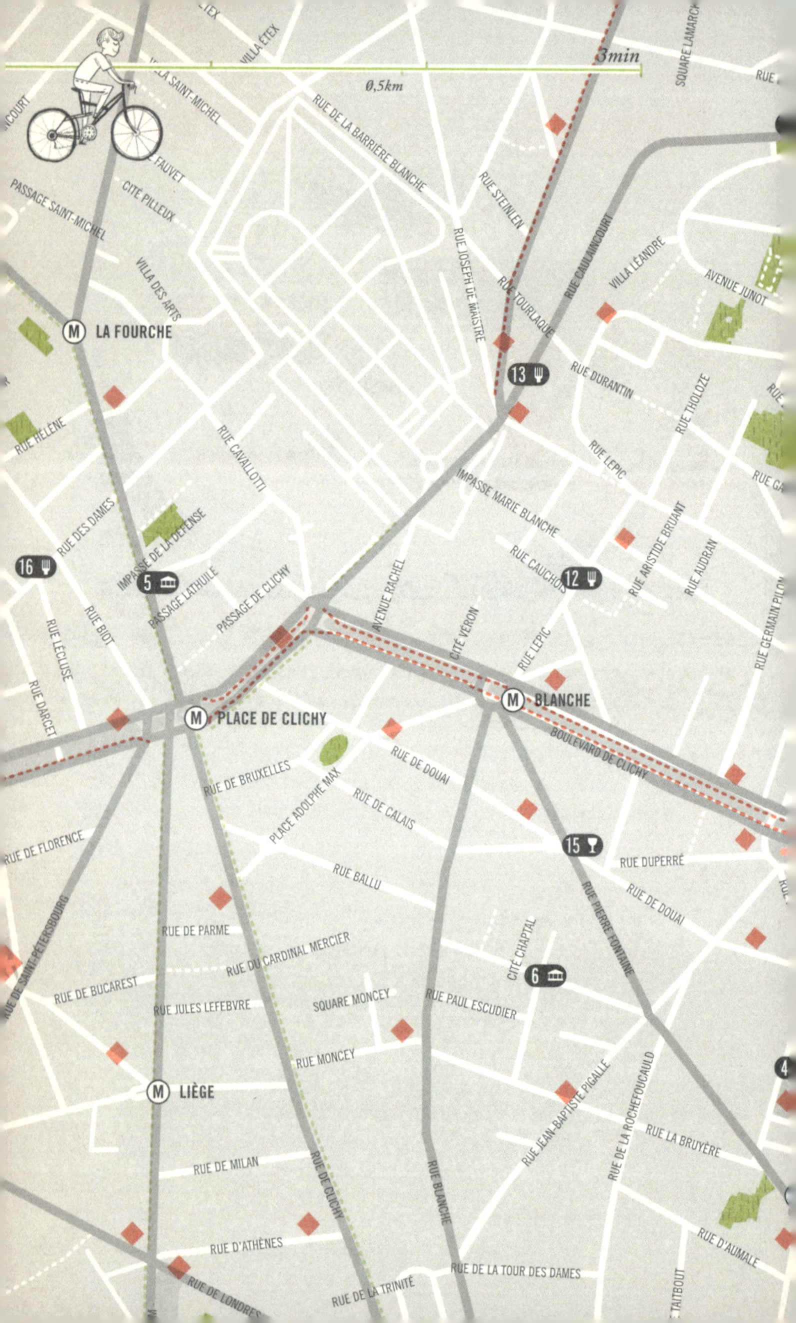

3min
0,5km
VILLA ÉTEX
VILLA SAINT-MICHEL
RUE DE LA BARRIÈRE BLANCHE
SQUARE LAMARCK
CITÉ PILLEUX
PASSAGE SAINT-MICHEL
VILLA DES ARTS
RUE STEINLEN
RUE JOSEPH DE MAISTRE
RUE CAULAINCOURT
VILLA LÉANDRE
AVENUE JUNOT
RUE TOURLAQUE
LA FOURCHE
13
RUE DURANTIN
RUE THOLOZE
RUE HÉLÈNE
RUE CAVALLOTTI
RUE LEPIC
IMPASSE MARIE BLANCHE
RUE DES DAMES
IMPASSE DE LA DÉFENSE
16
5
RUE CAUCHOIS
12
RUE ARISTIDE BRUANT
RUE AUDRAN
PASSAGE LATHUILE
PASSAGE DE CLICHY
AVENUE RACHEL
RUE BIOT
RUE LÉCLUSE
CITÉ VÉRON
RUE LEPIC
RUE GERMAIN PILON
RUE DARCET
BLANCHE
PLACE DE CLICHY
BOULEVARD DE CLICHY
RUE DE DOUAI
RUE DE BRUXELLES
PLACE ADOLPHE MAX
RUE DE CALAIS
RUE DE FLORENCE
15
RUE DUPERRÉ
RUE BALLU
RUE DE DOUAI
RUE DE SAINT-PÉTERSBOURG
RUE DE PARME
CITÉ CHAPTAL
RUE DU CARDINAL MERCIER
6
RUE PIERRE FONTAINE
RUE DE BUCAREST
RUE JULES LEFEBVRE
SQUARE MONCEY
RUE PAUL ESCUDIER
RUE MONCEY
RUE JEAN-BAPTISTE PIGALLE
RUE DE LA ROCHEFOUCAULD
LIÈGE
RUE LA BRUYÈRE
RUE DE MILAN
RUE DE CLICHY
RUE BLANCHE
RUE D'ATHÈNES
RUE D'AUMALE
RUE DE LA TOUR DES DAMES
RUE DE LONDRES
RUE DE LA TRINITÉ
TAITBOUT

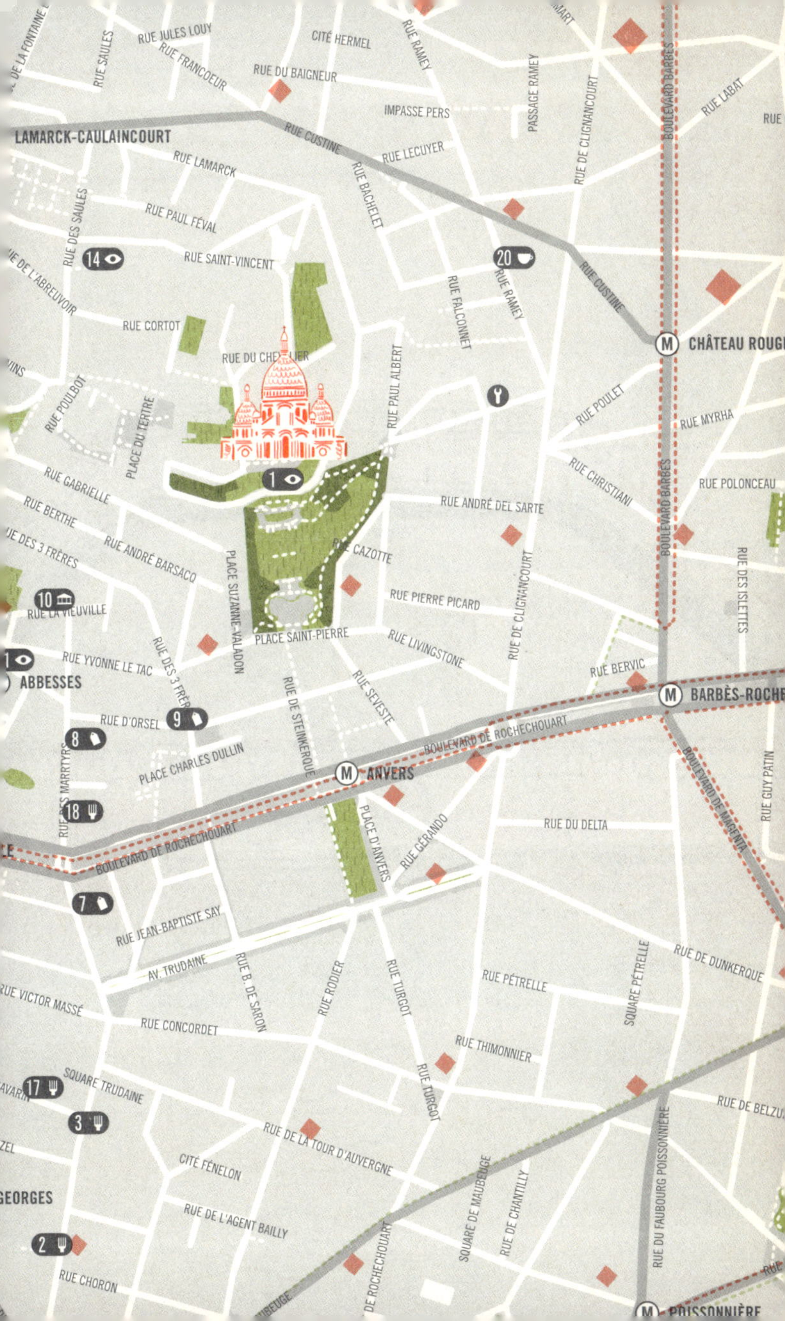

RUE DE LA FONTAINE
RUE JULES LOUY
RUE FRANCOEUR
CITÉ HERMEL
RUE RAMEY
RUE SAULES
RUE DU BAIGNEUR
PASSAGE RAMEY
RUE DE CLIGNANCOURT
BOULEVARD BARBÈS
RUE LABAT
IMPASSE PERS
LAMARCK-CAULAINCOURT
RUE CUSTINE
RUE LECUYER
RUE LAMARCK
RUE BACHELET
RUE DES SAULES
RUE PAUL FÉVAL
14
RUE SAINT-VINCENT
20
RUE CUSTINE
RUE FALCONNET
RUE RAMEY
RUE DE L'ABREUVOIR
RUE CORTOT
CHÂTEAU ROUGE
RUE DU CHEVALIER
RUE PAUL ALBERT
RUE POULBOT
PLACE DU TERTRE
RUE POULET
RUE MYRHA
1
RUE CHRISTIANI
RUE GABRIELLE
RUE POLONCEAU
RUE ANDRÉ DEL SARTE
RUE BERTHE
BOULEVARD BARBÈS
RUE DES 3 FRÈRES
RUE ANDRÉ BARSACQ
RUE CAZOTTE
10
RUE LA VIEUVILLE
PLACE SUZANNE-VALADON
RUE PIERRE PICARD
RUE DE CLIGNANCOURT
RUE DES ISLETTES
PLACE SAINT-PIERRE
RUE LIVINGSTONE
RUE YVONNE LE TAC
RUE DES 3 FRÈRES
ABBESSES
RUE BERVIC
RUE DE STEINKERQUE
RUE SEVESTE
BARBÈS-ROCHECHOUART
RUE D'ORSEL
9
8
BOULEVARD DE ROCHECHOUART
PLACE CHARLES DULLIN
ANVERS
RUE DES MARTYRS
18
BOULEVARD DE MAGENTA
RUE GUY PATIN
RUE DU DELTA
PLACE D'ANVERS
RUE GÉRANDO
BOULEVARD DE ROCHECHOUART
7
RUE JEAN-BAPTISTE SAY
AV. TRUDAINE
RUE DE DUNKERQUE
RUE B. DE SARON
RUE RODIER
RUE TURGOT
RUE PÉTRELLE
SQUARE PÉTRELLE
RUE VICTOR MASSÉ
RUE CONCORDET
RUE THIMONNIER
RUE TURGOT
SQUARE TRUDAINE
17
RUE DE BELZUNCE
3
RUE DE LA TOUR D'AUVERGNE
CITÉ FÉNELON
RUE DU FAUBOURG POISSONNIÈRE
GEORGES
SQUARE DE MAUBEUGE
RUE DE CHANTILLY
RUE DE L'AGENT BAILLY
2
RUE CHORON
RUE DE ROCHECHOUART
POISSONNIÈRE

CANAL ST-MARTIN

TRANQUILIDADE COM TOQUE ARTÍSTICO

A água tranquila do Canal Saint-Martin e os elegantes objetos de ferro já foram celebrados na pintura (pelo impressionista Alfred Sisley) e no cinema (em *Hôtel du Nord*, de Marcel Carné). O **hotel** ① continua em pé – autêntico pedaço da Paris antiga, possui um restaurante e um bar com balcão de zinco e pesadas cortinas de veludo nas janelas com vista para o canal. Há um terraço para dias de sol e dez bicicletas, ofertadas de graça aos hóspedes. É uma base perfeita para explorar a região, que se encontra a oeste dos restaurantes e bares da rue du Faubourg Saint-Denis e a leste da agitada vida noturna de Belleville. Se você for numa segunda-feira nublada, a vizinhança estará deserta, relaxada a ponto de ficar na horizontal; volte numa tarde ensolarada de sábado, quando então cada centímetro do espaço existente junto à água terá sido tomado pelos moradores modernosos.

Hoje, a parte sul do canal, construído por Napoleão para levar água à crescente população de Paris, foi pavimentada, fazendo a água passar por baixo de jardins, playgrounds e parques. No norte, o Saint-Martin se junta ao Canal de l'Ourcq, na place de la Bataille-de-Stalingrad, muito perto do **Point Éphémère** ②, que realiza shows de música, eventos com DJ e exposições de artistas emergentes; nas noites de verão, a multidão se esparrama pelas margens. Mas, se você tiver saído da Bastilha, o primeiro ponto a que vai chegar é o **Chez Prune** ③, tradição local ótima para uns drinques de dia, um prato rápido ou uma cerveja e um vinho mais à noite, no aconchego do interior ou no terraço ao ar livre. Fica na esquina da rue de Marseille, que forma com as ruas Toudic e Beaurepaire o coração comercial da redondeza, dotado de butiques de moda e negócios temporários bacanas. A marca parisiense de confecções contemporâneas **APC** ④ instalou-se aí (a loja original fica no 5^{e}), bem como, no mesmo trecho, o **Centre Commercial** ⑤, loja conceitual ecológica que vende roupas e calçados de marcas independentes elegantes, produtos de beleza orgânicos, bicicletas usadas e móveis antigos.

Subindo a rua, há duas livrarias de destaque: **Artazart** ⑥, com livros de arquitetura, arte e design; e **Le 29** ⑦, livraria de fotografia com espaço para exposições e, no andar de cima, um laboratório para você revelar fotos. Le 29 se localiza na rue des Récollets, com o charme típico do lugar, butiques refinadas, bons restaurantes e o bonito **Jardin Villemin** ⑧. Também aí, num antigo convento, está a **Maison de l'architecture en Île-de-France** ⑨, associação de arquitetos que organiza exposições temporárias e um festival anual. Mas a principal atração para os iniciados é o Café A da Maison, aninhado num pátio com árvores, a poucos passos da agitação da Gare de l'Est.

Se quiser comer algo, **Du Pain et des Idées** ⑩ é uma *boulangerie* no estilo antigo dirigida por um padeiro premiado. Também simpático e tradicional, **Le Petit Château d'Eau** ⑪ exibe papel de parede florido, bancos de couro, café e comida simples. Se estiver em busca de algo mais atual, o **Café Craft** ⑫ é um dos novos cafés chiques que têm pipocado nas áreas da moda e servem aos felizes freelancers de laptop que hoje dominam a capital francesa. Como alternativa, dirija-se ao idílico e romântico **Parc des Buttes Chaumont** ⑬, mas, no caminho, não deixe de espiar **Le siège du Parti Communiste français** ⑭ – a sede do Partido Comunista francês foi projetada pelo arquiteto brasileiro Oscar Niemeyer e harmoniza um prédio ondulado envidraçado com uma cúpula branca, que abriga as futuristas câmaras de debate no subsolo. Para fechar o dia, o agradavelmente caótico **Aux Deux Amis** ⑮ (fora do mapa, na rue Oberkampf) faz porções criativas, além de servir chope gelado e um bom vinho.

PARA DESCANSAR

COMIDA

Castro & Co ⑯ é uma mercearia fina com comida turca e do Oriente Médio. **Verbano Traiteur** ⑰ tem delícias mediterrâneas.

BEBIDA

Le Carillon ⑱, perto do canal, é perfeito para um aperitivo no começo da noite.

WI-FI

Rosa Bonheur ⑲, no Parc des Buttes Chaumont, conecta você à internet.

GARE DU NORD
MAGENTA
LOUIS BLANC
CHÂTEAU-LANDON
GARE DE L'EST
CHÂTEAU D'EAU
JACQUES BONSERGENT
STRASBOURG SAINT-DENIS
RÉPUBLIQUE
RUE DU FAUBOURG SAINT-DENIS
RUE DEMARQUAY
RUE PHILIPPE DE GIRARD
RUE DU CHÂTEAU LANDON
RUE LA FAYETTE
QUAI DE VALMY
RUE DU FAUBOURG SAINT-MARTIN
RUE ALEXANDRE PARODI
RUE DE DUNKERQUE
RUE DE SAINT-QUENTIN
RUE DES DEUX GARES
PASSAGE D'ETIENNE
RUE DU TERRAGE
IMPASSE BOUTRON
RUE FRANCIS JAMMES
PLACE RAOUL FOLLEREAU
SQUARE DE VERDUN
ALLÉE DU PROFESSEUR JEAN BERNARD
RUE DES ÉCLUSES SAINT-MARTIN
SQUARE ALBAN SATRAGNE
RUE SIBOUR
RUE DES RÉCOLLETS
PASSAGE DES RÉCOLLETS
RUE JARRY
BOULEVARD DE STRASBOURG
RUE DE LA GRANGE AUX BELLES
RUE BICHAT
RUE DES VINAIGRIERS
CITÉ SAINT-MARTIN
QUAI DE JEMMAPES
RUE JEAN POULMARCH
RUE LEGOUVÉ
RUE LUCIEN SAMPAIX
RUE HITTORF
CITÉ DE MAGENTA
RUE MARIE ET LOUISE
RUE ALIBERT
PONT TOURNANT
RUE JACQUES LOUVEL
RUE ALBERT THOMAS
RUE DIEU
RUE BOUCHARDON
CITÉ RIVERIN
RUE TAYLOR
RUE DU CHÂTEAU D'EAU
RUE YVES TOUDIC
RUE RENÉ BOULANGER
BOULEVARD SAINT-MARTIN
BOULEVARD JULES FERRY
PLACE DE LA RÉPUBLIQUE
RUE DE MALTE
10
3min
0,5km

RUE BOURET
RUE SECRÉTAN
RUE BASTE
RUE PAILLERON
PONT SUSPENDU
RUE SADI-LECOINTE
PASSAGE DES FOURS À CHAUX
RUE DE MEAUX
AVENUE SECRÉTAN
RUE HENRI MURGER
19
RUE DU TUNNEL
BUTTES CHAUMONT
13
MATHURIN-MOREAU
RUE GEORGES LARDENNOIS
COLONEL FABIEN
RUE EDGAR POE
RUE PRÉAULT
RUE DES ALOUETTES
RUE HENRI TUROT
RUE LEGRAND
AVENUE SIMON BOLIVAR
VILLA DU PARC
RUE PRADIER
RUE BURNOUF
RUE LAUZIN
CITÉ JANDELLE
SQUARE BOLIVAR
VILLA MARCEL LODS
DE SAMBRE ET MEUSE
RUE DE L'ATLAS
RUE RÉBEVAL
RUE CLAVEL
RUE DU CHALET
RUE DU GÉNÉRAL LASALLE
RUE JULES ROMAINS
RUE JULIEN LACROIX
RUE JOUVE ROUVE
RUE PIAT
PASSAGE HÉBRARD
RUE CIVIALE
BELLEVILLE
COUR DES BRETONS
PASSAGE BH/20
RUE LESAGE
RUE RAMPONEAU
RUE LÉMON
RUE DU SÉNÉGAL
RUE DE LA PRÉSENTATION
PASSAGE PIVER
RUE ROBERT HOUDIN
DU FAUBOURG DU TEMPLE
RUE DE VAUCOULEURS
RUE BISSON
RUE DES COURONNES
GONCOURT
RUE DESARGUES
PASSAGE XY
RUE DE L'ORILLON
RUE DES GONCOURT
RUE MORAND
RUE DU MOULIN JOLY
COURONNES
RUE DU PRESSOIR
RUE AUGUSTE BARBIER
RUE DE LA FONTAINE AU ROI
BOULEVARD DE BELLEVILLE
RUE DES TROIS COURONNES
RUE MORET
RUE DE MÉNILMONTANT
CITÉ DES TROIS
MÉNILMONTANT

HAUT MARAIS

CULTURA, COMIDA E COMPRAS

O Marais se situa junto à margem direita do Sena, no 4e arrondissement, a leste de Châtelet e de Les Halles, e, em linhas gerais, ao norte da rue de Rivoli, atrás do Hôtel de Ville e do Centre Pompidou. Todavia, enquanto a parte sul do Marais é muito turística e soa um pouco esnobe, o lado norte, hoje em dia apelidado de Haut Marais, é uma das áreas culturais mais dinâmicas de Paris, com galerias de arte contemporânea, lojas independentes e cafés. Falamos da região a oeste do boulevard Beaumarchais e ao norte das estações de metrô Rambuteau e Chemin Vert. Se você chegar pela rue de Turbigo, a oeste, atravesse a **passage de l'Ancre** ①, um tesouro oculto. Uma de muitas dessas passagens que serpenteiam entre os grandes bulevares parisienses, essa está cheia de árvores, flores e vegetação, além de algumas lojinhas especiais, entre elas a única que conserta guarda-chuvas em Paris. Você vai se sentir a quilômetros de distância do centro da metrópole.

Logo ao norte está o centro de artes digitais **La Gaîté Lyrique** ②, que realiza concertos e exibições em cinco andares. O bar, que mescla decoração contemporânea ao mármore original do século XIX, também impressiona. Um pouco mais adiante, pare na **Freemoos** ③, bicicletaria conceitual com acessórios específicos para cidade, bicicletas dobráveis e elétricas. Se sua bicicleta estiver com problema, a loja também faz reparos, assim como a **Bicycle Store** ④, loja de alta qualidade especializada em bicicletas urbanas. O Haut Marais contém um panorama artístico próspero, no qual se enquadra a livraria **Øfr** ⑤. Irmão e irmã dirigem a livraria e também uma galeria numa sala de trás, e ainda vendem bolsas, acessórios e calçados de estilistas independentes. A **Librairie Comme un roman** ⑥ vende livros mais convencionais, mas tem uma boa variedade de títulos de design, arte e outros mais incomuns.

Já no lado sul do Marais, o **Musée Picasso** ⑦ constitui a grande atração turística, mas as galerias autônomas é que realmente fazem a região se diferenciar. A **Galerie Yvon Lambert** ⑧ está sob o comando desse *marchand* de arte contemporânea pioneiro em Paris, que desde os anos 1960 representa Nan Goldin, Jenny Holzer e Anselm Kiefer, entre outros. A livraria ao lado, com prateleiras divididas por código de cores, também pede uma espiada. Por outro lado, a **Galerie Emmanuel Perrotin** ⑨, na rue de Turenne, figura entre as galerias contemporâneas mais influentes do mundo, e a **Galerie BSL** ⑩, na rue Charlot, apresenta uma linda gama de peças de linha contemporânea. A rua abriga muitos estilistas menores franceses – tente a **Nº 60** ⑪ para moda masculina e feminina inusitada, e a **Les Fées** ⑫ para uma seleção cuidadosa de utensílios domésticos e tecidos. Claro, o templo de decoração de ambientes do Haut Marais é a **Merci** ⑬, na movimentada rue Beaumarchais. Entre pelo pátio e passe pelo Fiat 500 escarlate, e um mundo de móveis, acessórios e roupas espera por você. É um ótimo lugar para apreciar, e os dois cafés compõem uma excelente parada a qualquer hora do dia. Para verdadeiros achados, experimente a **Lieu Commun** ⑭, pertencente à desenhista industrial francesa Matali Crasset, pupila de Philippe Starck.

Quanto a comer no Haut Marais, teste o **Nanashi** ⑮, que serve pratos franceses com influência japonesa (como caixa de bentô e pizzas à brioche), ou qualquer uma das inúmeras bancas no **Marché des Enfants Rouges** ⑯. Situado na fascinante rue de Bretagne, esse mercado vende de embutidos a sushi e saladas marroquinas. Se estiver a fim de algo especial, **La Chocolaterie de Jacques Génin** ⑰, que mais parece uma galeria, realmente vende chocolates e serve aquele que talvez seja o melhor *millefeuille* da cidade. O **Café Pinson** ⑱ faz boa comida vegetariana, e o **Chez Janou** ⑲ é um restaurante provençal muito procurado por moradores e turistas: não deixe de pedir a musse de chocolate de sobremesa.

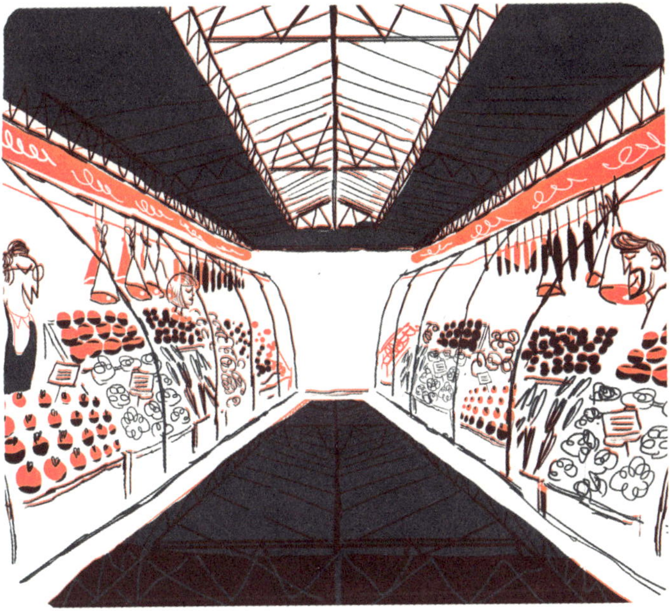

À medida que a tarde avança, tente **Le Progrès** ⑳, bar-tabacaria tipicamente parisiense, que também é ponto de encontro do pessoal da moda e de intelectualoides. Sente-se no terraço, peça uma garrafa de vinho rosado e observe o movimento noite adentro.

PARA DESCANSAR

COMIDA

Breizh Café ㉑ serve crepes, pois não se pode ir embora da França sem prová-los. **Mi-Va-Mi** ㉒, na parte sul do Marais, oferece um bom faláfel.

BEBIDA

Merce and the Muse ㉓, cafeteria com cara do East Village, serve bons pãezinhos.

WI-FI

La Terrasse des Archives ㉔ tem um terraço fechado e aconchegante, perfeito para mandar e-mails.

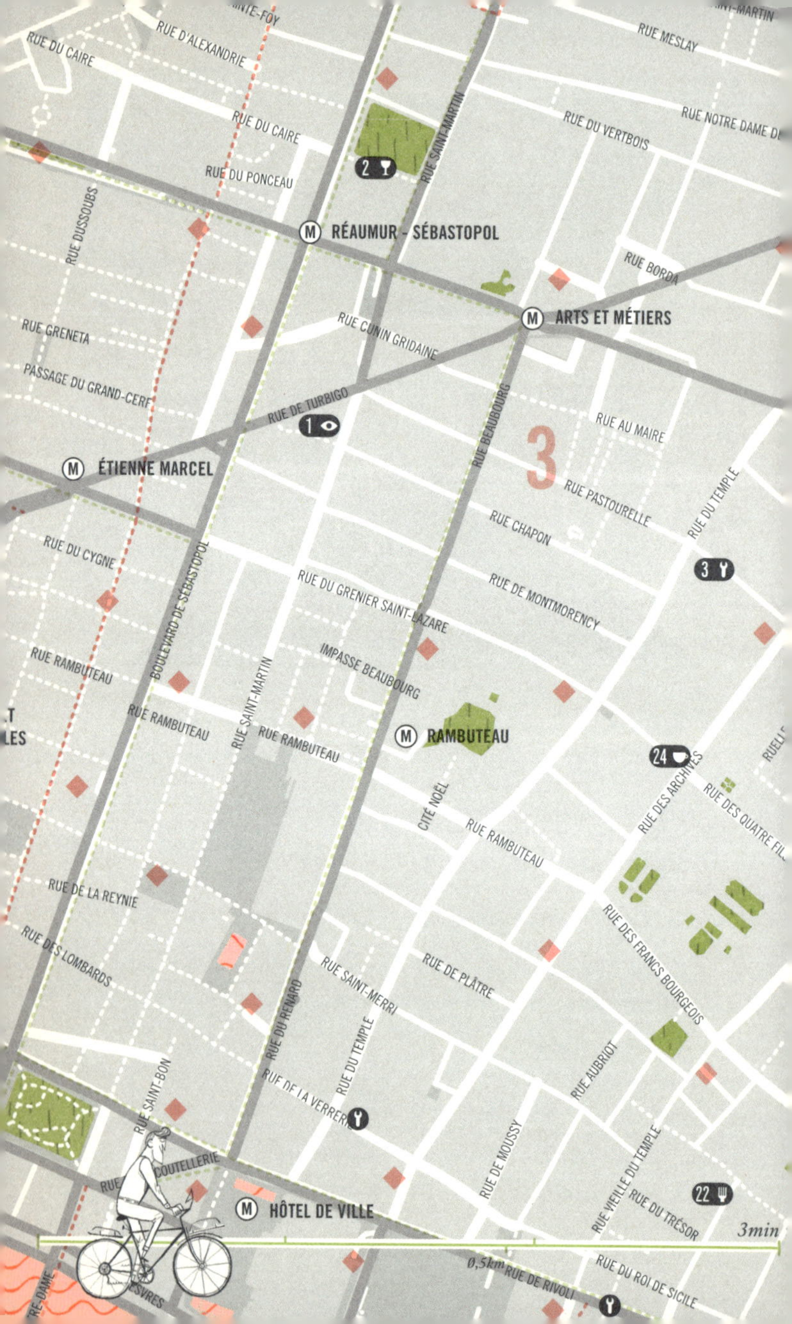
RUE D'ALEXANDRIE
RUE DU CAIRE
RUE MESLAY
RUE DU CAIRE
RUE DU VERTBOIS
RUE NOTRE DAME DE
RUE SAINT-MARTIN
2
RUE DU PONCEAU
RUE DUSSOUBS
RÉAUMUR - SÉBASTOPOL
RUE BORDA
ARTS ET MÉTIERS
RUE GRENETA
RUE CUNIN GRIDAINE
PASSAGE DU GRAND-CERF
RUE DE TURBIGO
1
RUE AU MAIRE
3
ÉTIENNE MARCEL
RUE BEAUBOURG
RUE PASTOURELLE
RUE DU TEMPLE
RUE CHAPON
RUE DU CYGNE
BOULEVARD DE SÉBASTOPOL
3
RUE DU GRENIER SAINT-LAZARE
RUE DE MONTMORENCY
RUE RAMBUTEAU
IMPASSE BEAUBOURG
RUE RAMBUTEAU
RUE SAINT-MARTIN
RUE RAMBUTEAU
RAMBUTEAU
24
RUE DES ARCHIVES
RUE DES QUATRE FIL
CITÉ NOËL
RUE RAMBUTEAU
RUE DE LA REYNIE
RUE DES LOMBARDS
RUE DES FRANCS BOURGEOIS
RUE DE PLÂTRE
RUE SAINT-MERRI
RUE DU RENARD
RUE DU TEMPLE
RUE AUBRIOT
RUE DE LA VERRERIE
RUE SAINT-BON
RUE DE MOUSSY
RUE VIEILLE DU TEMPLE
RUE DE LA COUTELLERIE
RUE DU TRÉSOR
22
HÔTEL DE VILLE
3min
0,5km
RUE DE RIVOLI
RUE DU ROI DE SICILE

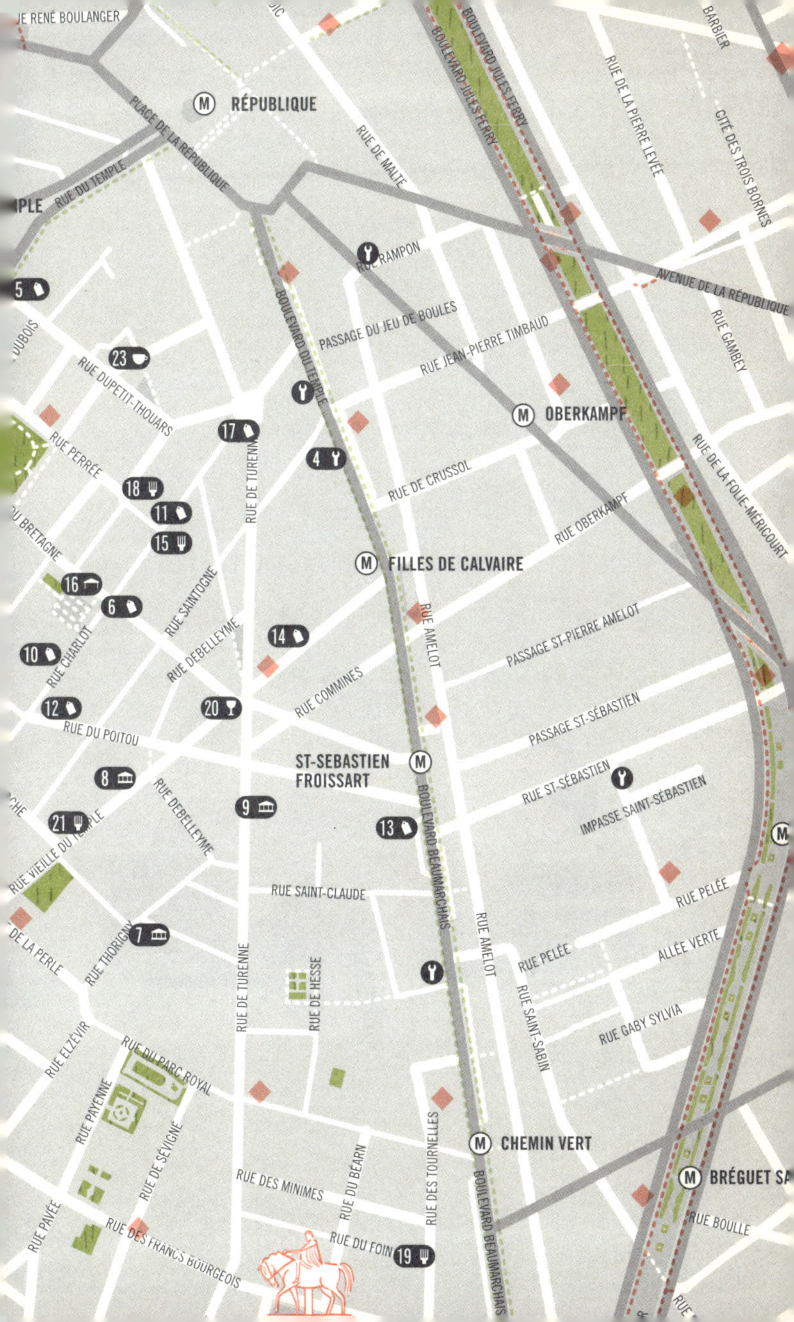
RUE RENÉ BOULANGER
RÉPUBLIQUE
PLACE DE LA RÉPUBLIQUE
RUE DU TEMPLE
RUE DE MALTE
BOULEVARD JULES FERRY
RUE DE LA PIERRE LEVÉE
CITÉ DES TROIS BORNES
BARBIER
RUE RAMPON
AVENUE DE LA RÉPUBLIQUE
RUE GAMBEY
PASSAGE DU JEU DE BOULES
RUE JEAN-PIERRE TIMBAUD
BOULEVARD DU TEMPLE
OBERKAMPF
RUE DUPETIT-THOUARS
RUE PERRÉE
RUE DE TURENNE
RUE DE CRUSSOL
RUE DE LA FOLIE-MÉRICOURT
RUE OBERKAMPF
FILLES DE CALVAIRE
RUE DE BRETAGNE
RUE SAINTOGNE
RUE DEBELLEYME
RUE AMELOT
PASSAGE ST-PIERRE AMELOT
RUE CHARLOT
RUE COMMINES
PASSAGE ST-SÉBASTIEN
RUE DU POITOU
ST-SEBASTIEN FROISSART
RUE ST-SÉBASTIEN
IMPASSE SAINT-SÉBASTIEN
RUE VIEILLE DU TEMPLE
BOULEVARD BEAUMARCHAIS
RUE SAINT-CLAUDE
RUE PELÉE
ALLÉE VERTE
RUE DE LA PERLE
RUE THORIGNY
RUE DE HESSE
RUE SAINT-SABIN
RUE GABY SYLVIA
RUE ELZÉVIR
RUE DU PARC ROYAL
RUE PAYENNE
RUE DE SÉVIGNÉ
RUE DES TOURNELLES
CHEMIN VERT
BRÉGUET SA
RUE DES MINIMES
RUE DU BÉARN
RUE BOULLE
RUE PAVÉE
RUE DES FRANCS BOURGEOIS
RUE DU FOIN
5
23
17
4
18
11
15
16
6
14
10
20
12
8
9
13
21
7
19

RIVE GAUCHE

COMPRAS E GALERIAS CHIQUÉRRIMAS

A margem esquerda do Sena tem tradição por seus cafés de intelectuais, pelas livrarias, pelo jazz, pelas revoltas estudantis e pela vida chique mas boêmia. A Rive Gauche atual, que, em sentido amplo, abrange o 5ᵉ, o 6ᵉ e o 7ᵉ arrondissements (no que é hoje a margem sul do Sena), ainda reverbera todas essas associações. Nós nos concentraremos na área ao norte do **Jardin du Luxembourg** ①, que, com suas alamedas arborizadas, cadeiras de metal e idosos jogando xadrez, é o mais elegante parque de Paris. Fica logo abaixo do badalado 6ᵉ, o de compras caras, e no lado mais agitado do 7ᵉ. Porém, ao atravessar o Quartier Latin – que tem esse nome por causa do grande número de estudantes latinos da Sorbonne de antigamente –, faça questão de parar na **Shakespeare & Company** ②, famosa livraria de língua inglesa. Não é a original, que apoiou literatos imigrantes como Hemingway e Pound, mas essa segunda edição ainda oferece lugar para jovens escritores dormirem e promove um festival literário anual.

A oeste, do lado oposto do boulevard Saint-Michel, os prédios se tornam grandiosos e a fachada das lojas, mais caprichada: você está entrando em Saint-Germain-des-Prés, cujas butiques e galerias dão um vislumbre de um mundo sofisticado, quase sempre caro. A **Galerie Kreo** ③, por exemplo, um espaço branco austero especializado em design contemporâneo, exibe objetos artísticos e nomes reconhecidos nos mundos do mobiliário e da iluminação. Não fica longe da **Cire Trudon** ④, fabricante de velas desde 1643, que era fornecedora da corte de Versalhes e, após seu relançamento em 2006, providenciou as velas para o filme *Maria Antonieta*, de Sofia Coppola. A loja está no fim da rue de Seine, atrás da **Saint-Sulpice** ⑤, a segunda maior igreja de Paris, que se destaca numa bela praça. Mais adiante está o cruzamento com a rue de Buci, dinâmica, com um ***marché*** ⑥ movimentado, o que talvez dificulte sua passagem sentado na bicicleta. Não importa: faça uma pausa no **Café Germain** ⑦, onde a desenhista e cenógrafa India Mahdavi criou uma cena à la *Alice no País das Maravilhas*, na qual a escultura colossal de uma moça se ergue do piso quadriculado e atravessa o teto. Aí perto, você encontra a **Galerie Salon des Antiquités & Astier de Villate** ⑧, loja cheia de curiosidades antigas e lindos objetos de cerâmica, e a **Le Labo** ⑨. Fundada por dois franceses e inicialmente instalada em Nova York, Le Labo tem decoração no estilo de uma farmácia antiga e faz perfumes sob encomenda enquanto o cliente espera.

Continue a oeste até **La Hune** ⑩, a mais importante das livrarias da Rive Gauche, que recentemente se mudou para instalações resplandecentes, onde expõe livros de arte, moda e design; tem também uma ótima

seção de papelaria. La Hune fica diante da **Magnum Gallery** ⑪, sede parisiense da cooperativa de fotógrafos Magnum, que realiza duas exposições anuais e vende cópias de edição limitada e publicações autografadas. Virando a esquina está a **Peterhof** ⑫, especialista em tudo que é russo, inclusive bonecas. A vitrine dela deve ser a mais fascinante da cidade. Se o seu interesse é moda de luxo, o movimentado boulevard Saint-Germain e as ruas ao redor da rue Bonaparte vão saciar sua sede de marcas famosas, e a **Hermès** ⑬ sem dúvida merece uma visita. Instalada numa antiga piscina com ladrilhos art déco, ela abriga uma livraria e um salão de chá e expõe os artigos em cabanas de madeira de 9m de altura. **Pierre Hermé** ⑭ é um dos dois maiores nomes parisienses quando se trata dos biscoitos *macarons* – seus quitutes obrigam a fazer fila na rua. Experimente o inesperado wassábi com morango ou o tradicional caramelo salgado.

Seguindo sempre a oeste, desça pedalando a rue de l'Université, dando uma olhada nos velhos antiquários, cheios de artigos incríveis e curiosidades (às vezes pelo dobro do preço dos já caros mercados de pulgas), e dirija-se para a **Deyrolle** ⑮, uma excêntrica tradição da margem esquerda – no andar de baixo, implementos de jardinagem; no de cima, a imperdível oficina de taxidermia, com lambris de madeira e uma sala de exposição que mais lembra um museu. Logo ao lado está a **Galerie Maeght** ⑯. Fundada na Côte d'Azur, ela cativou Paris com sua exposição inaugural em 1945, exibindo a obra de Henri Matisse. Desde então, a galeria já expôs os maiores nomes da arte moderna, mas também vende reproduções surpreendentemente baratas.

Já fora do mapa, descendo a rue de Varenne, você encontra o **Musée Rodin** ⑰, ampla mansão com jardim lotado de esculturas de bronze do mestre. Antes de ir embora, passe no **Café le Basile** ⑱, imerso no espírito da nouvelle vague e cheio de estudantes e professores da prestigiosa faculdade de Ciências Políticas, na vizinhança. Ou vá ao **Coutume Café** ⑲, na rue de Babylone, que parece ser o padrinho do florescente mundo dos cafés em Paris – e também faz ótimo brunch, ou *mi-déjeuner*, nos fins de semana.

PARA DESCANSAR

COMIDA

La Pâtisserie des Rêves ⑳ tem excelentes doces e salgados e chocolate quente para viagem. **Fish La Boissonnerie** ㉑, uma antiga peixaria, serve pratos leves e bom vinho.

BEBIDA

La Dernière Goutte ㉒ é uma adega ao estilo da Rive Gauche.

WI-FI

Café le Buci ㉓ é perfeito para ficar a par dos e-mails e ver como anda o mundo.

SOLFÉRINO
QUAI
3min
0,5km
RUE DU BAC
RUE GASTON-GALLIMARD
RUE DE L'UNIVERSITÉ
RUE DES SAINTS-PÈRES
16
15
RUE DU BAC
RUE DE SAINT-SIMON
RUE DU PRÉ AUX CLERCS
RUE JACOB
RUE DU BAC
BOULEVARD SAINT-GERMAIN
BOULEVARD RASPAIL
SQUARE DE LUYNES
RUE SAINT-BENOÎT
10
17
RUE DE VARENNE
RUE SAINT-GUILLAUME
18
20
RUE DU BAC
RUE DE GRENELLE
RUE DES SAINTS-PÈRES
RUE DU DRAGON
RUE BERNARD PALISSY
RUE DE COMMAILLE
RUE DES CANETTES
RUE DU FOUR
RUE CHOMEL
RUE BONAPARTE
RUE DE BABYLONE
19
RUE DE SÈVRES
13
14
SÈVRES - BABYLONE
ST-SULPICE
RUE VELPEAU
PLACE ALPHONSE DEVILLE
PLACE SAINT-SULPICE
RUE DE MÉZIÈRES
RUE DUPIN
RUE SAINT-PLACIDE
RUE DE SÈVRES
RUE DE L'ABBÉ GRÉGOIRE
RUE DU CHERCHE-MIDI
BOULEVARD RASPAIL
RUE D'ASSAS
RUE HONORÉ CHEVALIER
NEAU
RUE CASSETTE
RUE MADAME
RUE DU REGARD
RENNES
RUE DE BÉRITE
RUE DE VAUGIRARD
RUE GUYNEMER
ST-PLACIDE
RUE DE FLEURUS
RENNES

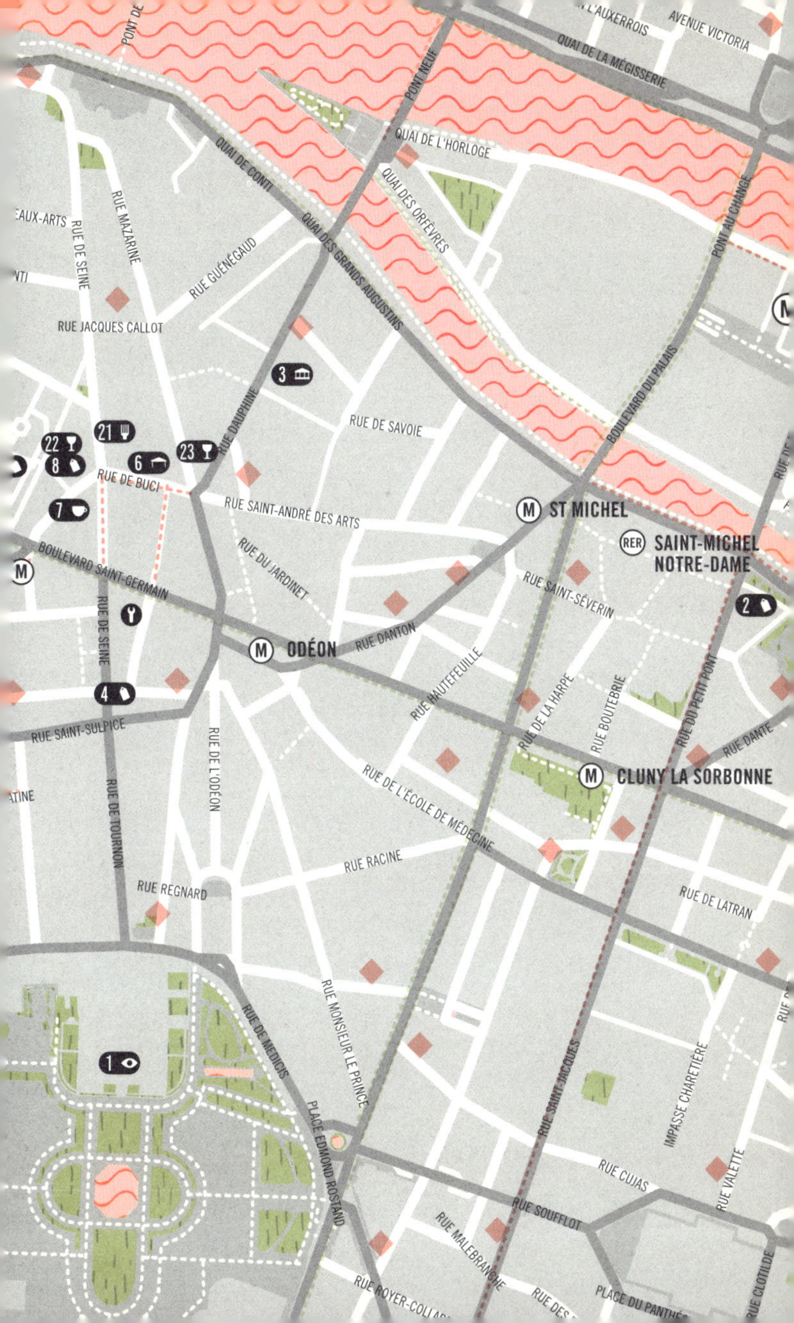

PONT DE
L'AUXERROIS
AVENUE VICTORIA
QUAI DE LA MÉGISSERIE
PONT NEUF
QUAI DE L'HORLOGE
QUAI DE CONTI
QUAI DES ORFÈVRES
PONT AU CHANGE
RUE MAZARINE
BEAUX-ARTS
RUE DE SEINE
RUE GUÉNÉGAUD
QUAI DES GRANDS AUGUSTINS
RUE JACQUES CALLOT
3
RUE DE SAVOIE
RUE DAUPHINE
21
22
8
6
23
RUE DE BUCI
BOULEVARD DU PALAIS
RUE SAINT-ANDRÉ DES ARTS
ST MICHEL
7
SAINT-MICHEL NOTRE-DAME
BOULEVARD SAINT-GERMAIN
RUE DU JARDINET
RUE SAINT-SÉVERIN
2
RUE DE SEINE
ODÉON
RUE DANTON
RUE HAUTEFEUILLE
4
RUE SAINT-SULPICE
RUE DE LA HARPE
RUE BOUTEBRIE
RUE DU PETIT PONT
RUE DANTE
RUE DE L'ODÉON
CLUNY LA SORBONNE
RUE DE TOURNON
RUE DE L'ÉCOLE DE MÉDECINE
RUE RACINE
RUE REGNARD
RUE DE LATRAN
RUE MONSIEUR LE PRINCE
RUE DE MÉDICIS
1
PLACE EDMOND ROSTAND
RUE SAINT-JACQUES
IMPASSE CHARETIÈRE
RUE CUJAS
RUE VALETTE
RUE SOUFFLOT
RUE MALEBRANCHE
RUE ROYER-COLLARD
PLACE DU PANTHÉON
RUE CLOTILDE

CORRIDA E TREINO

Em 7 de novembro de 1869, a primeira corrida de bicicleta do mundo deu a largada em Paris com destino a Rouen. Quase onze horas depois, venceu um inglês, James Moore, inaugurando uma era do esporte ciclístico que ainda tem Paris como centro. À Paris-Rouen seguiram-se diversas outras corridas, iniciadas quase sempre para divulgar jornais esportivos, entre elas a Bordeaux-Paris e a Paris-Brest-Paris, em 1891, e a Paris-Roubaix, em 1896. Depois, em 1902, um repórter iniciante do *L'Auto* sugeriu a realização de uma corrida por toda a França, a fim de superar a decadência que o jornal vivia, e no ano seguinte nascia o Tour de France. A primeira "volta" partiu do bar **Le Réveil Matin**, no subúrbio sulino de Montgeron, e terminou no velódromo do Parc des Princes, em Paris, num giro de cerca de 2.500km. O vencedor foi Maurice Garin, um dos favoritos, que terminou a corrida mais de 65 horas antes do último colocado.

Desde esses tempos, o Tour sempre se encerrou em Paris, embora só em 1975 se tenha levado a reta final para a Champs-Élysées. Uma das competições do calendário ciclístico, a Paris-Roubaix ainda existe, bem como a Paris-Brest-Paris: a ida e volta de 1.200km não é mais uma corrida, mas uma prova de resistência, em que se dá aos autossuficientes participantes um limite de 90 horas para completar o trajeto. A Bordeaux-Paris, que em seus últimos anos era conduzida por motocicletas (os ciclistas se protegiam do vento atrás delas), foi disputada pela última vez em 1988, mas muitas outras corridas entre a capital e as cidades provinciais subsistem: a Paris-Nice, corrida de uma semana, é realizada em março; a Paris-Tours, no outono, é a mais destacada das competições de um dia; e ainda a Paris-Camembert, a Paris-Bourges e muitas outras. Mas saiba que só o Tour de France acaba no centro de Paris; as outras começam nos esparramados subúrbios da capital ou na região vizinha à Île-de-France.

Não é de admirar que muitos dos grandes ciclistas da França tenham morado ou morem na capital e ao redor dela. Nos primórdios, havia Octave Lapize, primeiro homem a subir o lendário Col de Tourmalet no Tour de France, e o desafortunado Eugène Christophe, primeiro a usar a camiseta amarela em 1919: nunca conquistou o Tour e foi prejudicado por problemas mecânicos – teve de soldar o garfo da bicicleta duas vezes no meio da corrida. Os célebres irmãos Pélissier (Henri, Francis e Charles, todos corredores no início do século XX) instalaram-se em Paris, embora fossem

do Auvergne. Mais recentemente, o duplamente campeão do Tour nos anos 1980 Laurent Fignon (apelidado "Le Prof", pelo jeito pensativo e pelos óculos redondos) nasceu em Montmartre, mas sua família logo se mudou para a Île-de-France. Atualmente, David Moncoutié, Sandy Casar, Tony Gallopin e Yoann Offredo são todos ligados à região de Paris, cujos ciclistas usufruem a bênção de muitos clubes ótimos, que alimentam as principais equipes ciclísticas do mundo. Fignon era membro da Union Sportive Créteil, e o Athletic Club de Boulogne-Billancourt ajudou alguns a se tornarem profissionais famosos, entre eles André Darrigade, Jean Stablinski, Stephen Roche e Robert Millar.

Apesar de Paris não dispor de um circuito de alto nível, antigamente havia vários: o **Parc des Princes** – hoje local de futebol, rúgbi e concertos – era de início um velódromo, e o Vélodrome d'Hiver ("velódromo de inverno") foi a primeira pista coberta da França. Ambos saíram da prancheta de Henri Desgrange, fundador do Tour de France. Ele se convertera às corridas de bicicleta depois de assistir à primeira Bordeaux-Paris no velódromo da Porte Maillot. Naquela época, era comum encerrar as corridas de estrada com algumas voltas na pista do velódromo (muito mais por ser um ganha-pão dos donos do circuito), e o jovem Desgrange ficou encantado. Abraçou o esporte na hora e estabeleceu muitos recordes ciclísticos em provas de tempo de várias distâncias. Ainda se veem alguns *pistards* em Paris: a academia de esportes da elite nacional francesa, **L'Insep**, fica no Bois de Vincennes. É uma pista particular coberta, mas, se tiver sorte, você vai topar com estrelas das pistas, como Grégory Baugé e Michaël d'Almeida, se aquecendo no *bois* ou no **Vélodrome Jacques Anquetil**, que leva o nome do pentacampeão do Tour. O Bois de Vincennes é também ponto de encontro de ciclistas de estrada da capital: no canto leste há um circuito triangular onde muitos vão descarregar a energia (veja mais sobre o *bois* na seção "Um dia de bicicleta"). Contudo, o **Hippodrome de Longchamp**, no lado oeste do Bois de Boulogne, é onde se atinge mais velocidade. Saiba mais sobre esses lugares, percursos de corrida e treino na seção "Sites e endereços".

Se precisar de peças e reparos na sua bicicleta, a **Cycles Laurent**, a **Cycles Saint-Honoré** e a **Paris Bike Co.** vão cuidar bem de você. Há uma **Giant Store** no centro, e, para tudo que se relaciona com bicicletas de estrada, a especialista em Paris é a **Rando Cycles**. Veja em "Informações essenciais" *(p. 44)* as opções de aluguel de bicicletas.

INFORMAÇÕES ESSENCIAIS

Paris é uma cidade compacta que, apesar de frenética, é ótima para andar de bicicleta. Veja algumas dicas para pedalar sem incômodo.

GUIA DE ETIQUETA DO CICLISTA

Comparada com algumas cidades do norte da Europa, as ruas de Paris são abertas a todos, embora haja algumas coisas de que você precisa saber:

- Os parisienses em geral pedalam por onde devem, mas você vai ver bicicletas nas calçadas e em qualquer canto. Se quiser andar fora das faixas, verifique se é seguro.
- Em certos cruzamentos na França, hoje se pode virar à direita de bicicleta se o sinal estiver vermelho. Muita gente faz isso, mesmo sem permissão oficial, mas aja como achar melhor.

SEGURANÇA

Fique de olhos atentos para poder se divertir. Veja alguns conselhos:

- Nos horários de pico, evite ruas largas sem ciclovias, porque elas se tornam uma loucura. E as grandes rotatórias – Arco do Triunfo, Bastilha e Concorde, por exemplo – são só para os corajosos e habilidosos. Verifique nos mapas as "ruas a evitar" para saber em que lugares você deve redobrar a atenção.
- Lembre-se: se não conhecer um cruzamento, desça da bicicleta e atravesse na faixa com os pedestres.
- Mesmo que você esteja na ciclovia, pode ser que carros ou pedestres circulem por ela. As ciclovias estão melhorando muito as condições para andar de bicicleta, mas os motoristas parisienses são mais impositivos e menos cuidadosos que os na Holanda e na Bélgica.
- Dê prioridade à direita. Nas ruas francesas, se não houver placa em contrário, o trânsito da direita sempre tem preferência – mesmo que venha de uma travessa.
- Tenha cuidado nos grandes cruzamentos, porque às vezes dois fluxos de carros passam de uma vez só.
- Atenção ao contrafluxo nas ciclovias. Essa invenção relativamente nova é indicada nas ruas de mão única por sinalização no solo e pelas palavras *sauf vélo* (exceto bicicletas), sob a placa de trânsito proibido. Infelizmente, os motoristas parisienses em geral não

ligam para o direito do ciclista de trafegar em sentido contrário ao deles e não fazem concessões. Muitas dessas ruas são bem estreitas.

- Os motoristas estacionam em qualquer lugar. Cuidado com os carros enfiados na calçada nos cruzamentos ou manobrando para parar em fila dupla.
- Comparado com o trânsito de outras cidades, como Londres, o de Paris tem menos veículos grandes e caminhões, o que torna a visibilidade muito boa, mas atenção com os ônibus articulados.

RISCOS

Paris parece não ser um paraíso de ladrões como outras cidades. No entanto, use o bom senso. Não deixe a bicicleta sozinha e sem cadeado, e imite os ciclistas da cidade: se não vir bicicletas estacionadas ao redor, é provável que não seja um bom lugar para deixar a sua. Se você levou para a cidade uma bicicleta cara, prenda-a sempre com um bom cadeado a uma armação para bicicleta, um poste de luz ou algo fixo. Considere usar dois cadeados, para que os ladrões oportunistas procurem um alvo mais fácil.

LOCALIZE-SE

As rotas de bicicleta em Paris têm placas verdes pequenas que indicam os principais destinos. Em geral, elas são boas e não deixam o ciclista perdido com muita frequência. As placas para o tráfego de carros nas ruas principais são úteis também, porque, mesmo que você não tenha nem uma vaga ideia do mapa da cidade, vai poder seguir na direção certa. Os pontos de ônibus têm mapas que também podem ajudar. Muitas pessoas indicam os destinos com base nos *arrondissements* – os distritos administrativos de Paris. Numerados de 1 a 19, eles são espiralados do centro para fora, no sentido horário, como uma concha de caracol: a Torre Eiffel está no 7e, muitos dos bares legais no 11e, e assim por diante.

VÉLIB' E ALUGUEL DE BICICLETAS

Quando se instituiu o sistema **Vélib'** (nome formado pelas palavras *vélo* – bicicleta – e *liberté* – liberdade) em 2007, ele pôs Paris na dianteira de uma revolução no ciclismo urbano. Mais de 7 mil bicicletas foram distribuídas em 750 estações pela cidade. Após o sucesso inicial, o número de bicicletas aumentou, de modo que nunca se está a mais de 300m de uma estação do Vélib', que hoje se estende além da Périphérique.

O sistema é bastante usado e, em certa medida, foi vítima do próprio sucesso. Em certas áreas, como ao redor de Belleville e nos bairros badalados da zona leste, é difícil conseguir uma bicicleta no domingo, pois as estações são esvaziadas na noite de sábado pelos festeiros. E, nos subúrbios residenciais, as estações podem ficar lotadas após a volta dos trabalhadores – o que talvez dificulte a sua vida se você tentar estacionar perto do limite da região. Não há muito o que fazer nesses casos, a não ser saber que existem. Os terminais de computador nas estações de bicicletas são úteis para encontrar outros lugares para estacionar, e existem aplicativos para celular que ajudam a planejar o trajeto de uma estação a outra e mostram o número de bicicletas e vagas disponíveis em cada uma. O pior é que, mais que em qualquer outra cidade, as estações têm muitas bicicletas quebradas ou impróprias para trafegar. As bicicletas com o selim virado de trás para a frente estão assim porque os usuários o inverteram para alertar o pessoal da manutenção e outros ciclistas. Antes de sair com uma bicicleta, teste os freios, verifique os pneus e veja se não há avarias sérias (nas catracas e nos pedais, por exemplo).

É fácil se cadastrar on-line no Vélib' ou nas estações: você precisa de um cartão de crédito e, depois de inserir dados simples, recebe um número de usuário e uma senha (anote, se estiver na internet, ou mande imprimir na estação de bicicletas). Siga as instruções na tela, escolha a bicicleta e pronto. O acesso custa €1,70 por dia ou €8 por semana, e neste caso você ganha de graça a primeira meia hora de cada viagem. Ultrapassado esse tempo, a taxa é de €1 pela próxima meia hora, com preços crescentes em períodos mais longos. A ideia é pegar uma *vélib'* para uma viagem curta e depois estacioná-la, para que ela continue em circulação. As *vélib'*, porém, têm cavalete e corrente com cadeado, e é comum vê-las paradas nas ruas. Se quiser estacionar sua bicicleta e a estação estiver lotada, pressione o botão para ganhar mais 15 minutos e encontrar outra estação. As estações do Vélib' a mais de 60m de altitude são chamadas V+. Se você encaixar a bicicleta numa estação V+, ganha um desconto de 15 minutos no seu tempo – uma compensação pelo esforço da subida. Se a viagem for gratuita, esse tempo é debitado em seu cartão e guardado para a próxima vez que você o usar.

Apesar de todos os seus defeitos (e da horrível cor bege-escura das próprias bicicletas, o que dificulta avistá-las no meio da cidade), o sistema Vélib' é conveniente e fácil de usar. Nós o recomendamos para pedalar pela cidade. As bicicletas são relativamente rápidas e proporcionam boa diversão, mas, se quiser alugar uma mais sofisticada, tente a **Gépetto**

& Vélos, no 5e arrondissement. A **Paris Cycles**, perto do Bois de Boulogne, aluga bicicletas para atravessar os bosques, e a **Cycles Laurent** ou a **Paris Bike Co.** dispõem de ótimas bicicletas de estrada para sair da cidade com tranquilidade.

TRANSPORTE PÚBLICO

Não é permitido levar bicicletas nos ônibus e bondes de Paris nem no funicular de Montmartre. E também são proibidas no **metrô**, exceto na linha 1, aos domingos e nos feriados, quando se pode pedir a um funcionário da estação que abra a cancela para passar com a bicicleta. No **RER** – Rede Expressa Regional de trens –, só se entra com bicicleta fora dos horários de pico (entre 6h30-9h e 16h30-19h, nos dias úteis) e no fim de semana.

VIAGEM A PARIS COM BICICLETA

É fácil chegar a Paris em trens nacionais e internacionais, o meio mais seguro de viajar com uma bicicleta. Se você partir do Reino Unido, a **Eurostar** aceita bicicletas em seus trens, mas, infelizmente, a partir de 2013, só bicicletas dobráveis em sacos com menos de 85cm de comprimento podem ser transportadas como bagagem de mão dentro dos vagões. Não sendo assim, ou você reserva um lugar para a sua (atualmente £30 por viagem; a bicicleta segue pendurada no vagão de carga) ou a põe numa embalagem e a envia como bagagem registrada. A opção "Turn Up and Go", pela qual você deixa a bicicleta ensacada num balcão do saguão de embarque, custa £10 para um destino. Nos trens de alta velocidade **TGV** e **Thalys**, que conectam Paris com Bélgica, Amsterdã, Genebra, Colônia e, ao sul, com Espanha e Itália, leva-se de graça uma bicicleta embalada. Os amplos bagageiros garantem em parte que não haverá problema, e duas estratégias parecem funcionar nesse caso: ou você corre para ficar na frente da fila e assegurar o espaço necessário no bagageiro, ou, se a sua bicicleta ficar bem fininha depois de embalada, espera que todos ajeitem as bagagens e enfia o seu pacote por cima delas. Os trens-bala alemães ICE não aceitam bicicletas embaladas com mais de 85cm, o que praticamente elimina todas as bicicletas não dobráveis. Os trens mais lentos Intercity (**IC**) e Eurocity (**EC**) permitem a entrada de bicicleta se você pagar uma vaga – portanto, conte com um trem lento se quiser chegar a Paris partindo da Alemanha. Como os aeroportos de Paris ficam muito distantes do centro da cidade e no meio de vias complicadas com tráfego intenso, não convém ir ao aeroporto de bicicleta nem sair dele. Pegue um transporte público para a cidade.

SITES E ENDEREÇOS

0fr
20, rue Dupetit-Thouars, 75003
ofrsystem.com

APC
5, rue de Marseille, 75010
apc.fr

Artazart
83, quai de Valmy, 75010
artazart.com

Astier de Villatte
173, rue Saint-Honoré, 75001
astierdevillatte.com

Au Rêve
89, rue Caulaincourt, 75018

Aux Deux Amis
45, rue Oberkampf, 75011

Aux Folies
8, rue de Belleville, 75020

Bar Ourcq
68 Quai de la Loire, 75019
barourcq.free.fr

Batofar
Port de la Gare, 75013
batofar.org

Bibliothèque Nationale de France
11, quai François Mauriac, 75013
bnf.fr

Bistrot des Dames
18, rue des Dames, 75017
eldoradohotel.fr

Bistrot du Peintre
116, avenue Ledru Rollin, 75011
bistrotdupeintre.com

Bistrot Paul Bert
20, rue Paul Bert,
93400 Saint-Ouen

Black Market
27, rue Ramey, 75018

Bois de Vincennes
Avenue de Gravelle,
94220 Charenton-le-Pont

Boulangerie Gontran Cherrier
22, rue Caulaincourt, 75018
gontrancherrierboulanger.com

Boutique LOOK
217, rue Saint-Honoré 75001
look-collection.com

Breizh Café
109, rue Vieille du Temple, 75003
breizhcafe.com

Café Craft
24, rue des Vinaigriers, 75010
cafe-craft.com

Café des Deux Moulins
15, rue Lepic, 75018

Café des Initiés
3, place des 2 Écus, 75001
lecafedesinities.com

Café Germain
25, rue de Buci, 75006

Café le Basile
34, rue de Grenelle, 75007
cafe-le-basile.com

Café le Buci
52, rue Dauphine, 75006
le-buci.com

Café Noir
15, rue Saint-Blaise, 75020
cafenoirparis.fr

Café Pinson
6, rue du Forez, 75003
cafepinson.fr

Cafés Verlet
256, rue Saint-Honoré, 75001
cafesverlet.com

Castro & Co
15b, rue Alexandre Parodi, 75010

Centre Commercial
2, rue de Marseille, 75010
centrecommercial.cc

Chez Janou
2, rue Roger Verlomme, 75003
chezjanou.com

Chez Prune
36, rue Beaurepaire, 75010

Cire Trudon
78, rue de Seine, 75006
ciretrudon.com

Claus
14, rue Jean-Jacques Rousseau, 75001
clausparis.com

Clos Montmartre (vinhedo)
14-18, rue des Saules, 75018

Colette
213, rue Saint-Honoré 75001
colette.fr

Coulée Verte
Quinze-Vingts, 75012
promenade-plantee.org

Coutume Café
47, rue de Babylone, 75007
coutumecafe.com

Deyrolle
46, rue du Bac, 75007
deyrolle.com

Du Pain et des Idées
34, rue Yves Toudic, 75010
dupainetdesidees.com

Espace Kiliwatch
64, rue Tiquetonne, 75002
espacekiliwatch.fr

Et Puis C'est Tout
72, rue des Martyrs, 75009

Experimental Cocktail Club
37, rue Saint-Sauveur, 75002
experimentalcocktailclub.com

Fish La Boissonnerie
69, rue de Seine, 75006

Frenchie Wine Bar
5-6, rue du Nil, 75002
frenchie-restaurant.com

Galerie BSL
23, rue Charlot, 75003
galeriebsl.com

Galerie Christine Diegoni
47 ter, rue Orsel, 75018
christinediegoni.fr

Galerie Emmanuel Perrotin
76, rue de Turenne, 75003
perrotin.com

Galerie Kreo
31, rue Dauphine, 75006
galeriekreo.com

Galerie Maeght
42, rue du Bac, 75007
maeght.com/galeries

Galerie Salon Antiquités & Astier de Villatte
4, rue de Bourbon le Château, 75006
galeriesalon.blogspot.com

Galerie Yvon Lambert
108, rue Vieille du Temple 75003
yvon-lambert.com

Hermès
17, rue de Sèvres, 75006
hermes.com

Hôtel Amour
8, rue de Navarin, 75009
hotelamourparis.fr

Hôtel du Nord
102, quai de Jemmapes, 75010
hoteldunord.org

Institut du Monde Arabe
1, rue des Fossés Saint-Bernard, 75005
imarabe.org

Jardin des Plantes
57, rue Cuvier, 75005
jardindesplantes.net

Jardin des Tuileries
Place de la Concorde, 75001
louvre.fr

Jardin Villemin
14, rue des Récollets, 75010
paris.fr

Jeu de Paume
1, place de la Concorde, 75008
jeudepaume.org

La Chocolaterie de Jacques Genin
133, rue de Turenne, 75003
jacquesgenin.fr

La Dernière Goutte
6, rue de Bourbon le Château, 75006
ladernieregoutte.net

La Fourmi
74, rue des Martyrs, 75018

La Gaité Lyrique
3 bis, rue Papin, 75003
gaite-lyrique.net

La Hune
16-18, rue de l'Abbaye, 75006

La Pâtisserie des Rêves
93, rue du Bac, 75007
lapatisseriedesreves.com

La Terrasse des Archives
51, rue des Archives, 75003

Le Bal
6, Impasse de la Défense, 75018
le-bal.fr

Le Baron Rouge
1, rue Théophile Roussel, 75012

Le Carillon
18, rue Alibert, 75010

Le Carmen
34, rue Duperré, 75009
le-carmen.fr

Le Labo
6, rue de Bourbon le Château, 75006
lelabofragrances.com

Le Petit Château d'Eau
34, rue du Château d'Eau, 75010

Le Progrès
1, rue de Bretagne, 75003

Le Réveil Matin
22, avenue Jean Jaurès, 91230 Montgeron
hotelreveilmatin.fr

Le Rocketship
13 bis, rue Henry Monnier, 75009
lerocketship.com

Les Docks: Cité de la Mode et du Design
34, quai d'Austerlitz, 75013
paris-docks-en-seine.fr

Les Fées
19, rue Charlot, 75003

Le siège du Parti communiste français
2, place du Colonel Fabien, 75019
pcf.fr

Le Trucmush
5, passage Thiéré, 75011
letrucmush.fr

Le 29
29, rue des Récollets, 75010
le29.fr

Librairie Comme un roman
39, rue de Bretagne, 75003
comme-un-roman.com

Lieu Commun
5, rue des Filles du Calvaire, 75003
lieucommun.fr

L'Objet Qui Parle
86, rue des Martyrs, 75018

Magnum Gallery
13, rue de l'Abbaye, 75006
magnumgallery.fr

Maison de l'architecture en Île-de-France
148 rue du Faubourg Saint-Martin, 75010
maisonarchitecture-idf.org

Maison Francis Kurkdjian
5, rue d'Alger, 75001
franciskurkdjian.com

Marché aux Puces Saint-Ouen
Porte de Clignancourt, 75018
marcheauxpuces-saintouen.com

Marché d'Aligre
Place d'Aligre, 75012
marchedaligre.free.fr

Marché Dauphine
134, rue des Rosiers, 93400 Saint-Ouen
marche-dauphine.com

Marché des Enfants Rouges
39, rue de Bretagne, 75003
egs-sa.com

Marché Rue de Buci
Rue de Buci, 75006

Marché Serpette
96-110, rue des Rosiers, 93400 Saint-Ouen
marcheserpette.com

Merce and the Muse
1 bis, rue Charles-François Dupuis, 75003
merceandthemuse.com

Merci
111, boulevard Beaumarchais, 73003
merci-merci.com

Mi-Va-Mi
23, rue des Rosiers, 75004

Musée de la Vie Romantique
16, rue Chaptal, 75009
paris.fr

Musée des Arts Décoratifs
107, rue de Rivoli, 75001
lesartsdecoratifs.fr

Musée du Louvre
Musée du Louvre, 75001
louvre.fr

Musée Picasso
Rue de Thorigny, 75003
musee-picasso.fr

Musée Rodin
79, rue de Varenne, 75007
musee-rodin.fr

Nanashi
31, rue de Paradis, 75010
nanashi.fr

N°60
60, rue Charlot, 75003

Notre-Dame
6 Parvis Notre-Dame,
Place Jean-Paul II, 75004
notredamedeparis.fr

Palais-Royal
Rue Saint-Honoré, 75001
paris.fr

Papiers Peints
11, rue la Vieuville, 75018
spree.fr

Parc des Buttes Chaumont
1, rue Botzaris, 75019
butteschaumont.free.fr

Passage du Grand Cerf
Passage du Grand Cerf, 75002
passagedugrandcerf.com

Peterhof
25, rue Bonaparte, 75006
peterhof.fr

Petit Bain
7, port de la Gare, 75013
petitbain.org

Pierre Hermé
Galeries Lafayette,
40, boulevard Haussmann, 75009
pierreherme.com

Piscine Joséphine-Baker
Quai François Mauriac, 75013
paris.fr

Point Éphémère
200, quai de Valmy, 75010
pointephemere.org

Pont des Arts
Quai du Louvre,
Place de l'Institut, 75006
paris.fr

Promenade Plantée
Quinze-Vingts, 75012
promenade-plantee.org

Rosa Bonheur
Parc des Buttes Chaumont,
2, avenue des Cascades, 75019
rosabonheur.fr

Rose Bakery
46, rue des Martyrs, 75009

Sacré Cœur
35, rue du Chevalier de la Barre,
75018
sacre-coeur-montmartre.com

Saint-Sulpice
26 bis, rue Cassette, 75006
paroisse-saint-sulpice-paris.org

Salon de Thé de la Grande Mosquée de Paris
39, rue Geoffroy Saint-Hilaire,
75005
la-mosquee.com

Sébastien Gaudard
22, rue des Martyrs, 75009
sebastiengaudard.fr

Shakespeare & Company
37, rue de la Bûcherie, 75005
shakespeareandcompany.com

Stohrer
51, rue Montorgueil, 75002
stohrer.fr

Télescope
5, rue Villedo, 75001
telescopecafe.com

Verbano Traiteur
44, rue de Lancry, 75010

Water Bar
213, rue Saint-Honoré 75001
colette.fr

LOJAS, CLUBES, CORRIDAS E LOCAIS PARA CICLISMO

Se quiser links para rotas
de corrida e treino, acesse
citycyclingguides.com

Bicycle Store
17, boulevard du Temple, 75003
bicyclestore.fr

Cycles Laurent
9, boulevard Voltaire, 75011
cycleslaurent.com

Cycles Saint-Honoré
156, rue Saint-Honore, 75001
cyclessainthonore.blogspot.co.uk

En Selle Marcel
40, rue Tiquetonne, 75002
ensellemarcel.com

Freemoos
35, rue Pastourelle, 75003
freemoos.com

Gepetto & Vélos
59, rue du Cardinal Lemoine,
75005
gepetto-velos.com

Giant Store
1, boulevard Henri IV, 75004
giant-bicycles.com

Hippodrome de Longchamp
Route d'Auteuil aux Lacs, 75016
france-galop.com

L'Insep
11, avenue du Tremblay, 75012
insep.fr

Parc des Princes
24, rue du Commandant
Guilbaud, 75016
psg.fr

Paris Bike Co.
56, rue Gallieni,
92240 Malakoff
parisbikeco.com

Paris Cycles
Rond-Point du Jardin
d'Acclimatation, 75116
pariscycles.fr

Rando Cycles
5, rue Fernand Foureau, 75012
rando-cycles.com

Vélib'
velib.paris.fr

Vélodrome Municipal Jacques Anquetil
48, avenue de Gravelle,
94220 Charenton-le-Pont

OUTROS SITES ÚTEIS

Eurostar
Gare du Nord,
18, rue de Dunkerque, 75010
eurostar.com

Métro
parismetro.com

RER
parisbytrain.com

TGV
tgv.com

Thalys
thalys.com

6min
0,5km
1km
PONT DE LEVALLOIS BÉCON
ANATOLE FRANCE
LOUISE MICHEL
PONT DE NEUILLY
LES SABLONS
PORTE MAILLOT
NEUILLY - PORTE MAILLOT
ARGENTINE
PORTE DAUPHINE
AV FOCH
VICTOR HUGO
BOISSIÈRE
AV HENRI MARTIN
RUE DE LA POMPE
TROCADÉRO
16

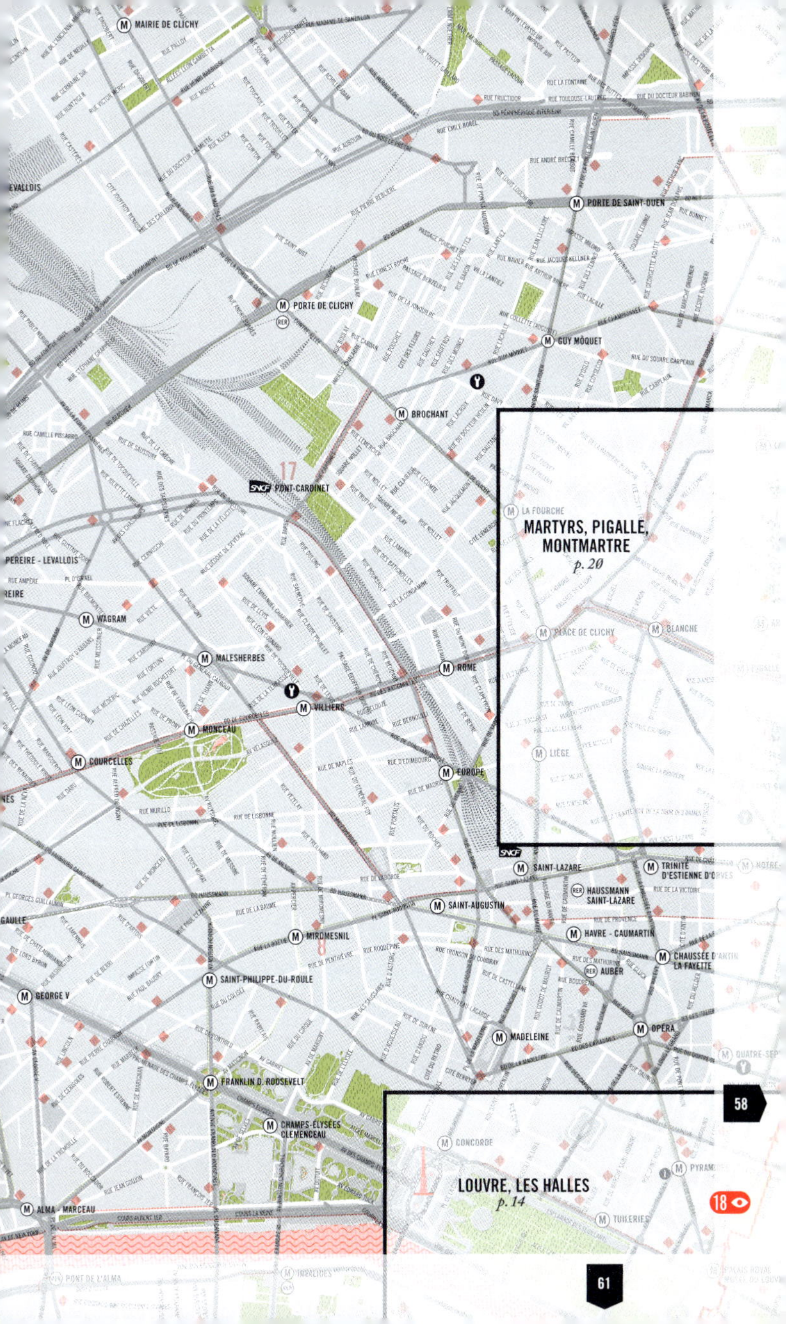
MAIRIE DE CLICHY
PORTE DE SAINT-OUEN
PORTE DE CLICHY
GUY MÔQUET
BROCHANT
17
PONT-CARDINET
LA FOURCHE
MARTYRS, PIGALLE, MONTMARTRE
p. 20
PEREIRE - LEVALLOIS
WAGRAM
MALESHERBES
PLACE DE CLICHY
BLANCHE
ROME
VILLIERS
MONCEAU
LIÈGE
COURCELLES
EUROPE
SAINT-LAZARE
TRINITÉ D'ESTIENNE D'ORVES
HAUSSMANN SAINT-LAZARE
SAINT-AUGUSTIN
MIROMESNIL
HAVRE - CAUMARTIN
CHAUSSÉE D'ANTIN LA FAYETTE
AUBER
SAINT-PHILIPPE-DU-ROULE
GEORGE V
MADELEINE
OPÉRA
FRANKLIN D. ROOSEVELT
58
CHAMPS-ÉLYSÉES CLEMENCEAU
CONCORDE
PYRAMIDES
LOUVRE, LES HALLES
p. 14
18
TUILERIES
ALMA - MARCEAU
PONT DE L'ALMA
INVALIDES
61

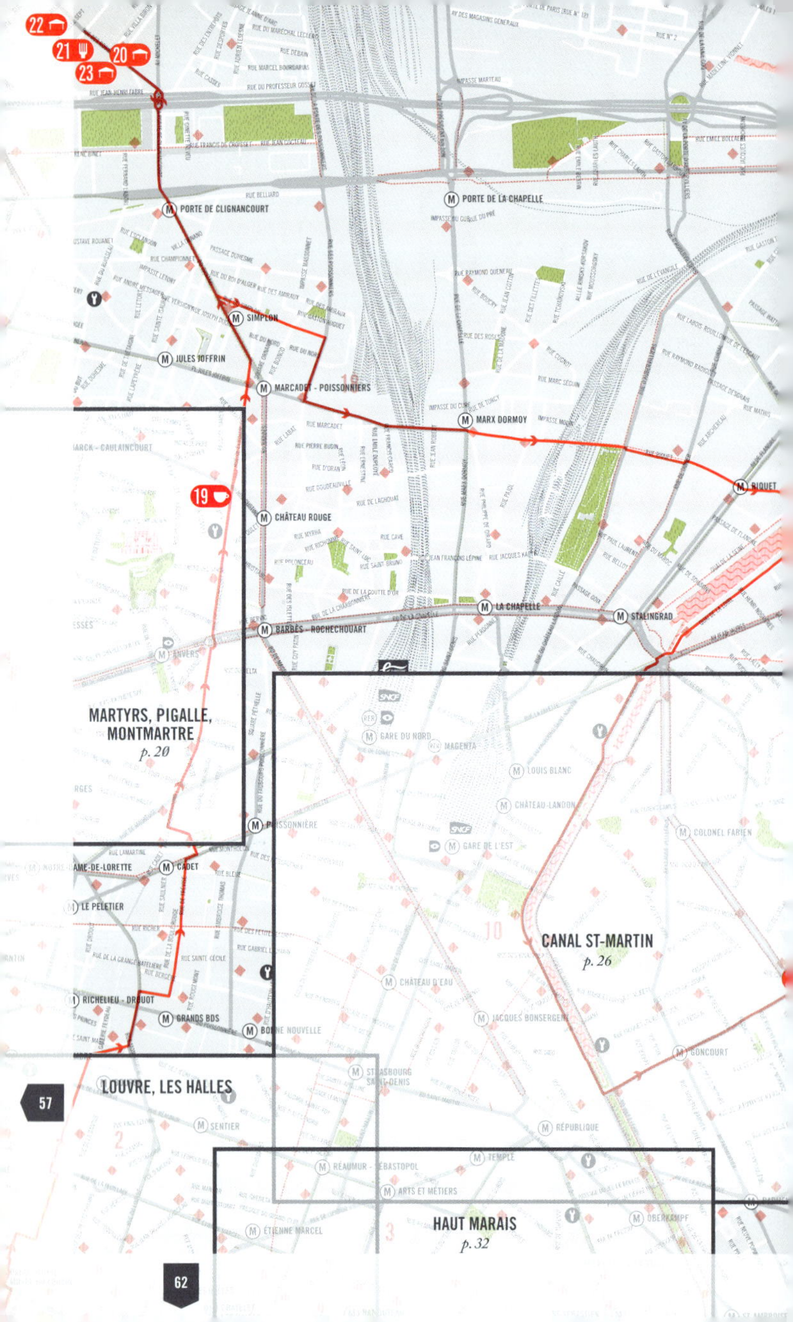
22
21
20
23
19
PORTE DE CLIGNANCOURT
PORTE DE LA CHAPELLE
SIMPLON
JULES JOFFRIN
MARCADET - POISSONNIERS
MARX DORMOY
RIQUET
CHÂTEAU ROUGE
LA CHAPELLE
STALINGRAD
BARBÈS - ROCHECHOUART
ANVERS
GARE DU NORD
MAGENTA
LOUIS BLANC
CHÂTEAU-LANDON
GARE DE L'EST
COLONEL FABIEN
POISSONNIÈRE
CADET
LE PELETIER
RICHELIEU - DROUOT
GRANDS BDS
BONNE NOUVELLE
CHÂTEAU D'EAU
JACQUES BONSERGENT
GONCOURT
STRASBOURG SAINT-DENIS
SENTIER
RÉPUBLIQUE
TEMPLE
RÉAUMUR - SÉBASTOPOL
ARTS ET MÉTIERS
OBERKAMPF
ÉTIENNE MARCEL
MARTYRS, PIGALLE, MONTMARTRE
p. 20
CANAL ST-MARTIN
p. 26
LOUVRE, LES HALLES
HAUT MARAIS
p. 32
57
62

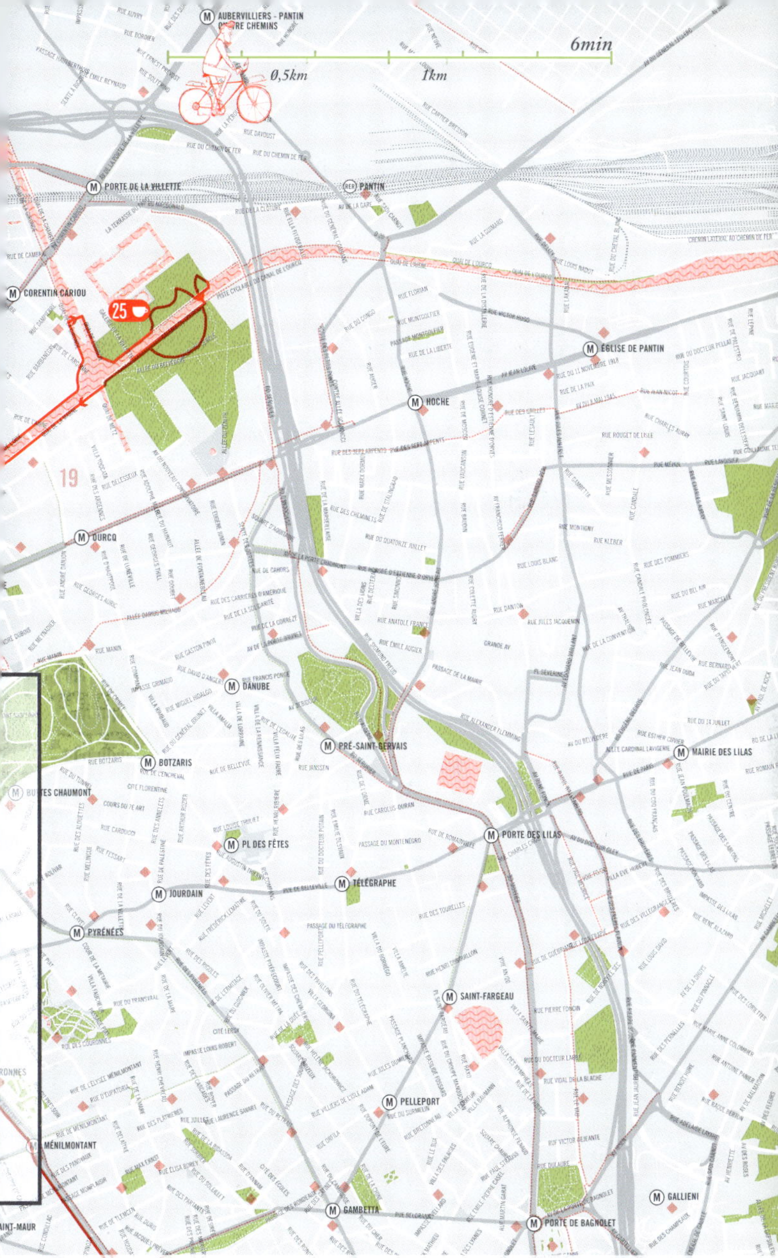

6min
0,5km
1km
AUBERVILLIERS - PANTIN QUATRE CHEMINS
PORTE DE LA VILLETTE
PANTIN
CORENTIN CARIOU
25
ÉGLISE DE PANTIN
HOCHE
19
OURCQ
DANUBE
PRÉ-SAINT-GERVAIS
MAIRIE DES LILAS
BOTZARIS
BUTTES CHAUMONT
PORTE DES LILAS
PL DES FÊTES
TÉLÉGRAPHE
JOURDAIN
PYRÉNÉES
SAINT-FARGEAU
PELLEPORT
MÉNILMONTANT
GALLIENI
GAMBETTA
PORTE DE BAGNOLET
SAINT-MAUR
PÈRE LACHAISE

LA MUETTE
PASSY
BOULAINVILLIERS
RANELAGH
CHAMP DE MARS
TOUR EIFFEL
BIR-HAKEIM
AV DU
PRÉSIDENT KENNEDY
JASMIN
PORTE D'AUTEUIL
MICHEL-ANGE
AUTEUIL
MIRABEAU
EGLISE D'AUTEUIL
JAVEL
JAVEL - ANDRÉ
CITROËN
CHARLES MICHEL
CHARDON-LAGACHE
MICHEL-ANGE
MOLITOR
EXELMANS
BOUCICAUT
15
PONT DU GARIGLIANO
LOURMEL
PORTE DE SAINT-CLOUD
BALARD
PORTE DE VERSAILLES
ISSY - VAL DE SEINE
6min
0.5km
1km
CORENTIN CELTON
MAIRIE D'ISSY

57
62
17
16
LOUVRE, LES HALLES
p. 14
RIVE GAUCHE
p. 38
LA TOUR-MAUBOURG
VARENNE
ÉCOLE MILITAIRE
SOLFÉRINO
RUE DU BAC
ST-GERMAIN DES PRÉS
MABILLON
SÈVRES - BABYLONE
ST-SULPICE
SAINT-FRANÇOIS-XAVIER
VANEAU
RENNES
ST-PLACIDE
SÉGUR
CAMBRONNE
DUROC
SÈVRES - LECOURBE
NOTRE-DAMES DES CHAMPS
FALGUIÈRE
MONTPARNASSE BIENVENÜE
PASTEUR
VAVIN
VOLONTAIRES
MONTPARNASSE
EDGAR QUINET
VAUGIRARD
RASPAIL
GAÎTÉ
PERNETY
DENFERT ROCHEREAU
PLAISANCE
MOUTON DUVERNET
ALÉSIA
PORTE DE VANVES
PORTE D'ORLÉANS
MALAKOFF PLATEAU DE VANVES

58
61
HAUT MARAIS
p. 32
LOUVRE, LES HALLES
p. 14
RIVE GAUCHE
p. 38
PONT NEUF
CHÂTELET
HÔTEL DE VILLE
CHEMIN VERT
BRÉGUET SABIN
ST-AMBROISE
RICHARD LENOIR
ST-PAUL
PT MARIE
BASTILLE
ST MICHEL
SAINT-MICHEL NOTRE-DAME
ODÉON
SULLY MORLAND
CLUNY LA SORBONNE
MAUBERT MUTUALITÉ
CARDINAL LEMOINE
JUSSIEU
QUAI DE LA RAPÉE
LUXEMBOURG
PL MONGE
GARE D'AUSTERLITZ
GARE DE LYON
CENSIER DAUBENTON
ST-MARCEL
LES GOBELINS
CAMPO FORMIO
QUAI DE LA GARE
CHEVALERET
NATIONALE
PLACE D'ITALIE
GLACIÈRE
CORVISART
OLYMPIADES
TOLBIAC
MAISON BLANCHE
PORTE D'IVRY
CITÉ UNIVERSITAIRE
5
13
7
8
10
11
12
13
14
15
27
28
RUE DE RIVOLI
RUE DE JARENTE
RUE FRANÇOIS MIRON
RUE DES TOURNELLES
RUE SAINT-ANTOINE
PONT DE LA TOURNELLE
RUE BASSONPIERRE
RUE MORNAY
RUE JULES CÉSAR
RUE LACUÉE
RUE DE BERCY
RUE POLIVEAU
RUE DES WALLONS
RUE DAUBENTON
RUE MONGE
RUE LACÉPÈDE
RUE CUVIER
RUE DES FOSSÉS SAINT-JACQUES
RUE PIERRE ET MARIE CURIE
RUE D'ULM
RUE DES URSULINES
RUE DES FEUILLANTINES
RUE CLAUDE BERNARD
BD DE PORT-ROYAL
BD SAINT-MARCEL
RUE DE JULIENNE
RUE DE CROULEBARBE
RUE PHILIPPE DE CHAMPAGNE
AV DE LA SŒUR ROSALIE
BD VINCENT AURIOL
RUE JENNER
RUE BRUANT
RUE DE TOLBIAC
RUE DU MOULINET
RUE BOBILLOT
RUE DE LA BUTTE AUX CAILLES
RUE DE LA COLONIE
RUE DE L'ESPÉRANCE
RUE AUGUSTE PERRET
RUE BOURGON
RUE DU TAGE
RUE DU TIBRE
RUE DES LONGUES RAIES
RUE CACHEUX
RUE CHARBONNEL
RUE DU DOCTEUR TUFFIER
RUE BRILLAT-SAVARIN
RUE DAMESME
RUE NATIONALE
RUE DE DOMRÉMY
RUE DE TOLBIAC
RUE REGNAULT
RUE CHARCOT
RUE CLISSON
RUE LAHIRE
AV EDISON
RUE XAINTRAILLES
RUE DE REIMS
PASSAGE NATIONAL
VILLA NIEUPORT
RUE DU CHÂTEAU DES RENTIERS
PASSAGE VICTOR MARCHAND
RUE BOUSSINGAULT
RUE BARRAULT
RUE DE LA GLACIÈRE
RUE PASCAL
RUE BROCA
RUE LAGRANGE
RUE DES BOULANGERS
RUE CROULEBARBE
RUE DE LA SANTÉ
CITÉ FLEURIE

PHILIPPE AUGUSTE
ALEXANDRE DUMAS
CHARONNE
RUE DES BOULETS
AVRON
BUZENVAL
MARAÎCHERS
PTE DE MONTREUIL
FAIDHERBE CHALIGNY
NATION
REUILLY DIDEROT
PORTE DE VINCENNES
SAINT-MANDÉ
PICPUS
MONTGALLET
11
12
BELAIR
3
4
DAUMESNIL
DUGOMMIER
SNCF
MICHEL BIZOT
PORTE DORÉE
COUR ST EMILION
PORTE DE CHARENTON
5
6
LIBERTÉ
CHARENTON - ÉCOLES
6min
0,5km
1km

A Rapha, com sede em Londres, sempre foi defensora do ciclismo urbano – desde o teste de protótipos de camisetas nos serviços de entrega em bicicleta até a fabricação de uma ampla linha de produtos projetados especialmente para as necessidades do dia a dia de ciclistas. Além da loja on-line com produtos, filmes, fotos e histórias, a Rapha possui uma rede crescente de Cycle Clubs – locais pelo mundo afora onde os ciclistas podem desfrutar corridas, comida, bebida e produtos. É a fornecedora oficial dos uniformes da Team Sky, principal equipe de ciclismo do mundo.

Rapha®